旅游规划与设计

TOURISM PLANNING & DESIGN

旅游规划 ＋ 景观建筑 ＋ 景区管理

北京大学旅游研究与规划中心 主编　　中国建筑工业出版社 出版

创意农业 / Creative Agriculture

图书在版编目（CIP）数据

旅游规划与设计 —— 创意农业 / 北京大学旅游研究与规划中心主编.
北京：中国建筑工业出版社, 2013.2
ISBN 978-7-112-15135-6

Ⅰ.①旅… Ⅱ.①北… Ⅲ.①农业-旅游资源-经济规划-研究 Ⅳ.①F592.3

中国版本图书馆CIP数据核字(2013)第031126号

主编单位：
北京大学旅游研究与规划中心　　大地风景国际咨询集团

出版单位：
中国建筑工业出版社

编委（按姓名拼音排序）：

保继刚（中山大学）	陈可石（北京大学深圳研究生院）	陈　田（中国科学院）
高　峻（上海师范大学）	刘滨谊（同济大学）	刘　锋（国务院发展研究中心）
马耀峰（陕西师范大学）	石培华（北京交通大学）	王向荣（北京林业大学）
魏小安（中央民族大学）	谢彦君（东北财经大学）	杨　锐（清华大学）
杨振之（四川大学）	张广瑞（中国社会科学院）	张　捷（南京大学）
周建明（中国城市规划设计院）	邹统钎（北京第二外国语学院）	

名誉主编： 刘德谦

主编： 吴必虎
副主编： 戴林琳　汪　芳　杨小兰　阿拉斯泰尔·莫里森
编辑部主任： 袁功勇
编辑： 陈　静　崔　锐　谢若龄　林丽琴
装帧设计： 读道创意
责任编辑： 焦　扬
责任校对： 姜小莲　吴　健
运营总监： 盛永利
封面图片提供： 四川省古蔺县双沙镇人民政府

旅游规划与设计——创意农业
北京大学旅游研究与规划中心 主编

*

中国建筑工业出版社 出版、发行（北京西郊百万庄）
各地新华书店、建筑书店经销
廊坊市海涛印刷有限公司印刷

*

开本：880×1230毫米 1/16　印张：7$\frac{1}{4}$　字数：266千字
2013年2月第一版　2017年6月第四次印刷
定价：48.00元
ISBN 978-7-112-15135-6
　　（23207）

版权所有　翻印必究
如有印装质量问题，可寄本社退换
（邮政编码 100037）

卷首语

中国正在快速的城市化进程之中，眼见着一群群乡村居民被这股城市化、城镇化大潮席卷而手足无措地涌进城镇，一座座蕴藏着中国传统文化基因和悠然生活情调的村落被所谓新农村运动所推到撤并，一片片长满稻谷、豆麦的农田被圈走化作工业开发区或城市新区或度假别墅区，我们可爱的乡村在未来还能保留多少？工业化的农业还能否为我们提供足够安全的食物？使用了不加限制的农药、化肥、激素和转基因的农业是否就是我们的农业的合理而理想的途径？农村现代化是否一定要复制工业化的老路？农业加第三产业的新的乡村现代化道路能否给中国乡村一个新的方向？

正是基于这样的冷静思考，《旅游规划与设计》决定就古镇与旅游小镇、创意农业、乡村旅游与乡村度假等话题，向专家学者、政府官员、咨询机构广泛征集他们在此领域的观点、意见和实践案例，探讨在中国当代社会大规模城市化、现代化进程大背景之下，中国乡村地区产业与社会发展的可持续之路。其中《古镇·旅游小镇》专辑，我们邀请了北京大学深圳研究生院陈可石教授担任执行主编，已经于2012年10月由中国建筑工业出版社正式出版发行。本专辑我们集中讨论"创意农业"相关问题，其内容涉及一般的创意农业理论探讨，国内外创意农业发展实例，以及一些规划设计机构完成的创意农业领域的案例研究。接下来，我们还将围绕乡村地区如何通过旅游度假产业的发展，而非传统的以乡村地区工业化和乡镇企业的环境污染为巨大代价的现代化模式，对"乡村旅游与乡村度假"的规划设计问题进行探讨。

我们希望，我们也充满信心地期待着，乡村地区及其中心地小城镇，乡村地区的农业发展和社会文明，乡村地区的旅游产品和旅游产业，以及由这些要素相互支撑的乡村地区的现代化与城镇化道路，在各级政府、旅游企业、研究人员和最重要的主体，也就是广大农民的积极参与、主动进取和相互协调中，寻找到最适合本地的发展模式；也希望读者能从我们编辑出版的这几册《旅游规划与设计》专辑中，获得某种启发、某种灵感、某种参考，为中国广大的乡村地区的社会经济的可持续发展，起到一点点积极的作用。

2012年12月3日

目 录

理论探讨

6　环城市农业旅游：产品结构及空间分布　　　　　　　　　　　沈　晔　吴必虎

14　中国创意农业美学经济研究报告2012　　　　　　　　　　　　章继刚

20　创意农业的四驾马车　　　　　　　　　　　　　　　　　　　马达飞

28　中国茶文化旅游的战略构想　　　　　　　　　　　　　　　　刘志波

案例分析

36　世界范围内的社区支持农业　　　　　　　　　　　　　石　嫣　程存旺

42　日本休闲农业发展　　　　　　　　　　　　　　　　　　　　陈奕捷

50　香草旅游：创意农业的奇葩　　　　　　　　　　　　　　　　王滨肖

64　创意农业带动区域特色农业发展：
　　以聊城创意葫芦产业为例　　　　　　　　白春明　吕福堂　李琳娜　王荣娟

规划设计

70　可持续发展理论与静养中心规划：
　　以江西全南国际静养中心策划为例　　　　　　　　李方悦　戴　亮　张　凡

82　创意农业发展模式创新：大连创意农业博览城规划　　　　　　李　蓓

90　葡萄导向型全产业链发展模式：
　　宁夏贺兰山东麓葡萄文化长廊规划　　　　　　　　赵永忠　邓李娜　陈建业

100　花卉立体装饰在城市绿化设计中的应用　　　　　　　　　　　袁　梅

106　设计的力量：平面设计在创意农业中的应用　　　　　袁功勇　刘小波　陈　淼

创意农业

北京大学旅游研究与规划中心　主编
中国建筑工业出版社　出版

旅游规划与设计
旅游规划 ＋ 景观建筑 ＋ 景区管理

CONTENTS

Theoretical Research

6　Agritourism around Cities: Product Structure and Spatial Distribution　　*SHEN Ye, WU Bihu*

14　The China Creative Agriculture Aesthetic Economic Research Report 2012　　*ZHANG Jigang*

20　The Four Drivers of Innovative Agriculture　　*MA Dafei*

28　A Strategic Concept for Chinese Tea Culture Tourism　　*LIU Zhibo*

Case Study

36　Community Supported Agriculture around the World　　*SHI Yan, CHENG Cunwang*

42　Leisure Agriculture Development in Japan　　*CHEN Yijie*

50　Lavender Tourism: A Specific Perspective on Creative Agriculture　　*WANG Binxiao*

64　Regional Agriculture Development Driven by Creative Agriculture: Case Study of Liaocheng Creative Gourd Farm　　*BAI Chunming, LV Futang, LI Linna, WANG Rongjuan*

Planning and Design

70　Sustainable Development vs. Retreat Centre Planning: A Case Study of Quannan International Retreat Centre, Jiangxi　　*LI Fangyue, DAI Liang, ZHANG Fan*

82　Innovation in Creative Agriculture Development: Planning for Dalian Creative Agriculture Exposition Park　　*LI Bei*

90　Grape-oriented Agriculture Chain Development Model: A Case Study of East Helanshan Mountain Grape Cultural Corridor, Ningxia　　*ZHAO Yongzhong, DENG Lina, CHEN Jianye*

100　Application of 3D Flower Decorations in Urban Afforesting Design　　*YUAN Mei*

106　The Power of Design: The Application of Graphic Design in Creative Agriculture　　*YUAN Gongyong, LIU Xiaobo, CHEN Miao*

Creative Agriculture

创意农业 *Creative Agriculture*

Agritourism around Cities: Product Structure and Spatial Distribution

环城市农业旅游：产品结构及空间分布

文/沈 晔 吴必虎

【摘 要】

随着工业化和城市化进程的加快，小假期制度的实施，环城市乡村旅游度过了最初的原始积累期，进入快速成长阶段。本文通过分析环城市乡村的特点，总结了环城市乡村农业旅游的六种类型：农业会展、观光采摘农园、市民农庄、民宿农院、休闲度假村和乡村别墅，并分析了农业旅游产品的空间分布，为环城市乡村旅游的发展提供思路。

【关键词】

环城市乡村；农业旅游；产品结构；空间分布；北京

【作者简介】

沈 晔 北京大学城市与环境学院硕士研究生，研究方向为旅游规划、旅游目的地营销与管理

吴必虎 北京大学城市与环境学院教授，博士生导师，研究方向为城市旅游与游憩规划、旅游理论

1. 引言

近年来，随着城市生活节奏的加快、物质生活水平的不断提高及城市生活环境质量的下降，田园风光和休闲度假越来越受到城市居民的青睐。城市居民的出游中，40%以上的目的地是城市周边的乡村地区[1]。巨大的市民周末游憩市场在近距离出行规律的作用下，频繁地指向郊县（区）[2]。尤其从2008年起，"五一"黄金周改为了中秋、端午、清明等小假期，城市居民的出游时间随之缩短，出游范围受到限制。大城市周围的环城游憩带这种独特的郊区土地利用模式得到普遍推广，城市周边的乡村也成了市民闲暇时外出旅游休闲的首选之地，形成了特有的环城市乡村旅游。

从建设世界都市的角度而言，环城市乡村的建设尤为重要，因为该地区既可以为市民提供休闲游憩场所，也可以为城市各大企事业单位、国际公司提供会议场地和商务服务。环城市乡村的功能可以有多种形式，如会议中心、市民农庄、休闲度假村、乡村别墅等。环城市乡村的旅游产品直接影响市民的出行选择及体验，城市居民的旅游行为，对环城市乡村地区的社会、经济、文化都存在着无形的影响。因此，环城市乡村的旅游规划，不仅对乡村地区十分重要，同时也是城市可持续发展的关键。

2. 环城市乡村农业旅游的兴起与发展

2.1 农业旅游的概念界定

欧美学者对农业旅游的概念有比较统一的认识，基本上等同于乡村旅游（rural tourism）、农庄旅游（farm tourism）、旅游农业（argo/agritourism）和村庄旅游（village tourism）。乡村旅游，因其本身所具有的多维性和复杂性[3]，到目前为止学术界并没有一个明确的定义[4]。从一个最纯粹的角度看，被自然环境和乡村文化吸引是乡村旅游者的本质[5]。在欧洲的法律框架内，乡村旅游和农业旅游是一组同义词，乡村旅游被看作是在乡村地区进行的所有的旅游者活动[6]。但也有部分研究者并不认同这一观点，Clarke和Nilsson认为，农业旅游并不等同于乡村旅游，它是乡村旅游这一宽泛概念的特殊子系统[7]。国内对于农业旅游也没有形成共识，一般认为农业旅游与乡村旅游是同等概念[8]，大多数学者较为接受和认同的农业旅游的定义，即将农业与旅游相结合，利用农业资源，通过旅游内涵为主题的策划、设计，为游客提供观光、游览、休闲、度假、科普、考察等服务的一种新型旅游形式[9~11]，即农业旅游与乡村旅游不完全等同，例如农业旅游不包括农民的生活习俗。根据《全国农业旅游示范点检查标准》的定义，农业旅游是以农业生产过程、农村风貌、农民劳动生活场景为主要吸引物的旅游活动。本文将农业旅游界定为乡村旅游的一个子系统，即农业旅游是乡村旅游的重要组成部分。

2.2 农业旅游的发展

农业旅游最早在欧洲出现，随后在亚洲及其他地区发展开来[12]。现代工业社会对人类所造成的种种诟病推动人迫切需要找到一个环境优美、节奏轻快的场所来释放压力。乡村独特的景观类型和活动项目既满足了城市居民放松身心、亲近自然的需求，同时也是人返璞归真、寻求生活真谛的方式。北京的环城市乡村农业旅游兴起于20世纪90年代中期，最初以"吃农家饭、住农家屋、干农家活、享农家乐"为主，经过十多年的发展，乡村农业旅游的内涵更为丰富，形式更加多样，结合了观光、休闲、度假、会展等多种方式，从自发式的发展形成了标准化的经营。据2010年"五一"旅游报告的数据显示，采摘旅游作为近几年新兴的旅游主题，其关注度增长明显，"五一"期间有15%的游客参与采摘旅游。乡村农业旅游度过了最初的原始积累期，进入快速成长阶段。

北京环城市乡村的农业旅游为乡村建设提供了经济基础，是结合第一和第三产业的高效发展模式。2010年北京共有农业观光园1303个，解决了42561名职工的就业问题，同时取得了177958万元的收入[13]。据不完全统计，有60%以上的郊区特色水果和农产品通过"采摘方式"销售，且价格成倍增长。农民不出门，省了劳动力以及水果储存、运输的费用，同时农产品的销售价格上涨，旅游附加值的提升极大地调动了农民的积极性，同时也为乡村开辟了一条致富路。

3. 环城市乡村农业的特征

传统的乡村农业以服务城市为目的，提供城市粮、菜、蛋、鱼、禽、奶、花卉等农产品，承担着"菜篮子"角色。与传统乡村农业不同，环城市乡村农业是位于城市边缘一定动态范围内的农业地域类型，依托城市经济和社会发展，以生产城市居民必需的农产品（特别是鲜活农产品）为基础，以生态保育、环境保护为重点，具有高效、集约、生态、产业化、科技化的特点[14]。

近年来，北京的农业产值占全市GDP的比例逐步缩小，2010年仅占1%。但少数不代表小数，这并不意味着农业的功能越来越弱。随着城市化进程的不断加快，城郊土地价格不断上涨，传统的发展模式经济效益不强，不能抵御城市的持续扩张。因此，传统的乡村农业与旅游业相结合，大力发展农业观光、休闲农业、乡村度假等经济效益较强，对就业拉动比较明显的新型乡村农业。都市型现代农业也是北京农业的发展方向之一，北京的乡村农业实现了一、二、三产的融合发展，并逐渐向现代服务业延伸。

综上所述，环城市乡村的农业具有一定特征，可以便捷地为城市居民提供新鲜、卫生、安全的农产品，具有保持、改善城市生态平衡，净化空气、调节气候和美化环境等生态功能，而且还具有休闲旅游和教育等功能，集生态性、旅游休闲性、教育性、经济性四重功能为一体。

3.1 生态平衡与修复功能

环城市乡村地区具有良好的区位条件和丰富的自然资源，是城市绿肺功能的生态景观高地，发挥着都市生态农业的绿化、净化和美化作用，构建了园林化大都市，营造着人与自然、城市与乡村和谐的生态环境，促进了城市的可持续发展。《北京市土地利用总体规划（2005—2020年）》根据城市空间发展战略规划，已经在北京市各城市组团（分中心）间划定一定面积的成片基本农田，以基本农田作为绿色开敞空间保持各组团之间的隔离性，以遏制城市的无序扩展，农田的生态服务功能在未来的"宜居城市"建设中将起到重要作用，可以放缓城市化无序扩张，保持基本农田覆盖率。

此外，北京作为现代都市，空气质量极为堪忧，环城市乡村农业可以降低城市CO_2的含量，为居民提供更多新鲜的空气，营造绿色生态景观，改善自然环境，实现资源循环利用。北京到2011年底汽车的保有量突破500万辆，城市空气被汽车尾气严重污染，研究表明在城市的交通拥挤区和交通高峰期，空气中NO浓度达到最高，例如北京二环路以内的NO浓度大约是四环路以外的4倍[15]。另外，随着北京雾霾天气的增多，PM2.5也成了人们关注的焦点之一。因此，环北京城市的乡村农业发展尤为关键，其是北京城市空气净化的清新剂、除尘器。同时，也为北京的特有生物物种保留生存空间，维持着城市的生态平衡。

3.2 居民观光与休闲场所

现代城市居民工作压力大，随着国民休闲计划的落实，环城市乡村带为市民提供了周末休闲的场所，进一步激发了城市居民对休闲娱乐的需求。通过开发农业旅游产品，可以为都市居民提供洁净优美的休闲、游览场所，提高人们的生活质量。

环城市乡村为城市居民提供了多种形式的游憩方式，市民可以根据自身的旅行成本和出游时间，选择不同的旅游产品类型。乡村的田野风光，独特的农作方式，特色的农家美食，淳朴的农民特质为游客打造了远离尘嚣、放松心境的世外桃源。据统计，2009年北京拥有市级观光农业示范园95个，观光农业项目近3000项，为人们的假日休闲提供了去处。延庆、密云、怀柔、房山、通州等10个区县，16000多亩（1亩≈666.67m^2）田地，除了收获季节的果实累累，在农作物花季之时，也是一幅幅美丽的自然画卷，美景连绵春夏秋三季，景观农业的美景让游客们流连忘返。

3.3 文化传承与科教普及

农田是本土文化、农耕文明的载体，具有传承文明的文化教育功能。正如阎崇年对北京文化史的研究，"北京的京师文化是在农耕文化和牧猎文化的撞击与融会、京师文化和地区文化的辐射、中华文化和外来文化的排斥与吸纳的过程中，不断地汲取消化各民族、各地区、各异国的文化养分，逐渐得到丰富、提高、发展和繁荣的"。[16]由此可以看出，农耕文化也是北京文化的底蕴，而其传承需要乡村作为载体。与劳作相关的戏曲、民歌和风俗等，在特定的农业耕作背景下展示，更能呈现其文化的原有特色。因此，农业旅游也承载着文化传播的作用，游客在乡村中感受"日出而作，日入而息"以及"男耕女织"的生活劳作习俗，听农民们在田间收稻时的引吭高歌，体会与纷繁城市生活不同的农耕文化，感受生活的淳朴，感悟生活之道。

此外，环城市乡村的农业旅游也是普及农业知识的方式之一。生活在城市中的孩子们，对于农作物的认识仅限于书本上的图片，他们很少有机会真正见到农田中的农作物，有些孩子"五谷不分"，更有甚者认为菜是网络上"种"来的。因此，农业旅游的科普教育作用尤为重要。环城市乡村离城市中心距离在三个小时车程范围之内，其具有无可厚非的区位优势。周末或短假日，父母都可以带子女来农村感受乡土气息，观察农作物的成长，学习书本外的知识。

3.4 交通优势与经济互动

环城市乡村具有得天独厚的区位优势以及较为便捷的交通环境。根据环城游憩带（ReBAM）理论，游憩带的形成区位往往是在土地租金和旅行成本双向力量作用下，投资者和旅游者达成的一种妥协，占全国城市总量80%以上的各大、中、小城市的居民，在城市周边进行游憩与旅游活动[2]。环城市乡村具有便捷的公交线路以及自驾路线，为城市居民的旅游出行提供了便利。

另外，环城市乡村的发展对城市具有高度的依赖性，乡村农产品主要销往城市，用以满足城市居民的生活所需，与此同时，乡村以此获得经济来源。而农业旅游的发展，可以进一步增加城市与乡村之间的经济互动，通过旅游业的附加值，乡村地区取得更多的经济利益，从而促进农业的发展，形成良性循环。政府机构也主要强调乡村旅游在促进乡村经济多元化、扩大就业率、推动地方经济等方面的积极作用[17~19]。从2005年到2010年，北京市农业观光园从78810万元的年收入增长到177958万元，增幅有一倍之多，可见，农业旅游对地区经济的增长贡献之大以及其发展潜质（图1）。多数学者都认同乡村旅游对乡村经济产生的促进作用[20~24]。

4. 环城市乡村农业旅游的产品结构

北京市旅游局张慧光局长曾指出："走特色发展道路，大力促进民俗旅游向乡村度假旅游产业转型，提升郊区民俗旅游的质量

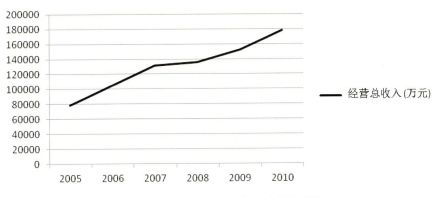

图1 2005年-2010年农业观光园经营总收入变化

图2 昌平国际草莓节（乔莹 摄）

图3 昌平区军都山采摘园（蒋建红 摄）

和水平。"对此，各远郊区县紧紧围绕自身资源特征，实施了差异化发展战略，最终形成各具特色的旅游小城镇、特色村落、特色乡村酒店、特色民俗活动的乡村旅游产业体系，环城市乡村农业旅游的发展类型也由单一的观光农园向多类型的旅游产品转变。

4.1 农业会展

农业会展业是农业的高端形态，是世界农业最新、最前沿成果的集中展示，是农业国际贸易的平台和信息中心，被称为农业发展的风向标[25]。北京具有雄厚的会展实力，已有21个大型国际展览通过国际展览联盟认证，占全国的26.6%。"十二五"期间，北京将加快国际商贸中心建设，打造亚太地区乃至世界最具影响力的国际会展之都，农业会展与此同时也蓬勃发展。

昌平国际草莓节（图2）、第三届北京国际现代农业展览会、第十四届中国国际花卉园艺展览会等一系列国际性农业会展在京举办，也标志着其进入了一个国际化领域。农业会展不仅仅可以为业界提供交流平台，同时也是市民旅游的新项目。昌平国际草莓节预计将有60多个国家和地区的1000多名代表参加学术研讨，草莓综合展示活动参加人数将达50万人次。为了支持草莓节的举办，政府开通了草莓公交专线，方便了市民出行，使农业会展不仅是专业人士的交流会，更是市民可以参与的旅游项目。

4.2 观光采摘农园

观光采摘农园（图3）在农业旅游中最具代表性，其通过风景优美的环境、特色的农业园地，吸引市民观光游览，并向其提供采摘或者购置的服务。有的观光农园以观赏为主，在园区内建立展览室，以特有的农作物或是高科技的种植技术为亮点，游人在观赏之余还能增长知识，在游览过后购买新鲜产品。另外一种是以市民参加采摘果实为主，采摘的过程中，市民不仅体会到田园的乐趣，而且收获到劳动的果实。观光农园对于集体活动或是家庭出游是一个很好的选择，互动的劳作可以培养大家的合作精神。

观光农园对于乡村和城市的发展具有双方面作用。一方面观光农园是农业生产的一部分，提供农业产品，可以满足人们的物质需要；另一方面它是旅游业的一部分，能提供旅游服务，具有休闲、娱乐和健身的功能。观光农业具有强烈的参与性，游客可以通过参加农业生产劳动，体验农业生产、农产品自助餐饮的趣味。此外，观光农业符合生态要求的农业生产方式和经济化的土地利用模式，具有传递生态环境保护、可持续发展意识和科学考察的功能[26]。

4.3 市民农庄

市民农庄是经营者将土地分割成块，租给城市居民，使其在这块土地上自主决定种何种农作物的旅游产品。耕种、管理等具体环

图片来源：邵隽提供

图4 翡翠湾永续农场

节，可以由消费者自行管理，也可以由专业的技术人员进行代管，收获的农作物全部归消费者所有。如今，食品安全问题备受关注，如何购买到没有污染、纯天然、健康的食品成为每个消费者的心声。绿色食品、有机食品等安全食品广受消费者的欢迎，在这种自种、自管的形式下，不仅可以打消市民对农产品质量安全的顾虑，而且可以体会返璞归真的农耕乐趣，增长农业知识。目前在北京郊区，已经出现了这种产业类型，博扬有机农场以及翡翠湾永续农场（图4）的"周末农夫"俱乐部就是很好的典范。支付一定的农场认养费，就可以拥有自己的一分地，免费享受自家农田的产出，体验种地的乐趣，感受自然的魅力，品尝无公害的有机果蔬。

此外，还有专门为孩子们开辟的少儿农庄。孩子们可以通过与大自然的接触，增强动手能力，感悟生命，培养爱心，亲子活动同样也使孩子和家长更加亲近。如昌平县小汤山镇办的"灿烂阳光少儿农庄"，农庄分为饲养乐园、集体农庄、童话作坊、时尚大棚等，孩子们可以根据不同的喜好参与活动，并享用劳动的果实。

4.4 民宿农院

环城市乡村地区相比城市，具有优美的自然环境，市民可以通过游览田园景观，留宿农家小院，感受乡村的风土人情，体会宁静淡泊、舒适恬淡的农家生活（图5）。

民宿农院的经营模式是农家自主经营，将自有的农家小院提供给游客住宿，并为其提供各种精品农家菜肴，如炖柴鸡、各种野菜、农家主食、特色的烤鱼等。游客可以通过住宿农院，感受当地居民的生活习俗，在住宿期间进行观光、采摘等休闲活动，放松身心。民宿农院的住宿价格高低不一，其服务质量也良莠不齐，由于很多民宿农院是没有注册而对外经营的，服务品质的监测也成为民宿农院发展的一大障碍，有些游客因为有被欺骗的经历，而对民宿农院产生了抵触心理，

图5 北京房山古村爨底下（朴志娜 摄）

不利于民宿农院这项特色农业旅游的可持续发展。

4.5 休闲度假村

休闲度假村是一种综合性的休闲体验场所，以吸引游客住宿为特点。把市民的观赏风光、采摘果实、体验耕作、住宿餐饮和休闲娱乐多种活动结合在一起，适应他们度假游憩的需要。市民可以在假日到休闲度假村进行垂钓等娱乐活动，并品尝农家菜，体验农家乐。

北京蟹岛度假村（图6）是较为典型的休闲度假村，集种植、养殖、旅游、度假、休闲、生态农业观光为一体。蟹岛度假村以"产销绿色"为核心经营理念，农业区和休闲度假区分别管理、独立运营，但同时亦遵循"以园养店、以店促园"的发展思路，将两部分开放对接。农业区融合了种植、养殖和再生能源生产三部分内容，全方位发展绿色循环经济，在农业生产中率先实现"生产绿色"。休闲度假区融合了乡土住宿、健康餐饮、会议聚会和选购有机食品等内容，销售自产的优质农产品，在发展休闲产业时实现了"销售绿色"。整个度假村提供了丰富多样的休闲活动，塑造京郊野趣生活的乡村休闲形象，并融合了时下流行的健康、有机理念，是北京环城市乡村农业模式的经典案例之一。

4.6 乡村别墅

随着旅游地产的兴起，乡村别墅是环北京乡村旅游近年来发展的新项目。依托丰富的乡村旅游资源，出现了有别于传统住宅的融旅游、休闲、度假、居住为一体的置业选择。北京周边的乡村别墅有的以小产权对外销售，有的以分时度假形式对外出租。市民可以通过租赁的方式，入住菜园式公寓或别墅，卫浴、厨房、暖气等设施一应俱全。游客可以享受上百平方米的蔬菜大棚以及露天庭院，真正享受农家的生活，此外还可以通过自己的喜好在农田里种植蔬菜瓜果。这种旅游方式，不仅使农民闲置的房屋得到充分利用，同时保证了其每年的固定收入，同样也为城市居民提供了感受农家生活的空间。

图6-1 北京蟹岛度假村入口（乔莹 摄）

图6-2 北京蟹岛度假村室内景观（乔莹 摄）

5. 环城市乡村农业旅游的空间分布特征

环城市的农业旅游在空间上具有一定分布规律。李仁杰等对北京市环城游憩地成熟度进行了研究，并总结了其空间分异的特点：从10~20km圈层处于发展成熟期，20~50km圈层处于近成熟期发展状态，60~90km处于发展期状态，100~130km则处于游憩空间发展萌芽期[27]。吴必虎等对乡村旅游地空间分布进行了研究[28]，指出在

100km范围内，旅游地的分布也有两个相对集中的地带。其中第一个乡村旅游地集中地带在距离城市20km附近，第二个密集分布带出现在距离城市60~80 km 的区间内。

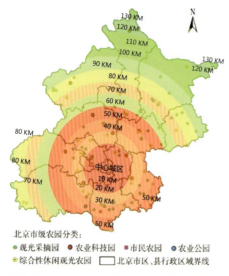

图片提供：沈晔　　图7 北京市95个市级观光农园分布情况

根据环城游憩理论，环城市乡村的农业旅游在空间上具有圈层结构，农业会展、观光采摘农园、市民农庄、民宿农院、休闲度假村和乡村别墅这六种类型的农业旅游产品也存在着各自的分布特征。农业会展的举办需要具有便利的交通系统及完善的配套设施，因此举办地多为会展中心或距离城市较近的农业示范园区，如草莓博览园距城中心约35km，举办第三届北京国际现代农业展览会的中国国际展览中心距城中心约7km，举办第十四届中国国际花卉园艺展览会的北京展览馆距城中心约6km，可见农业会展的空间分布与展览馆的分布情况具有相关性。

受北京市地形地貌和城市发展的双重影响，北京市的土地空间利用由城区向近郊区、远郊区呈现圈层结构，观光采摘农园在空间上，呈现出明显的环城游憩带特征。从北京市农业观光示范园的分布可以看出（图7），观光农园主要集中于与中心城市交通联系便捷的区域。由于受交通条件和时间成本约束，农业旅游资源开发呈现由近郊农业旅游向远郊农业旅游的空间开发顺序。以北京市95个市级观光农园的分布可知，环北京城市的采摘农园主要集中分布在距城中心20~40km之间，并随着距离的递增，农园数量逐渐减少，呈现出距离递减规律。当然，在远郊的个别地方由于区位要素条件配置差异，也出现了优先开发的农业旅游点。市民农庄、民宿农院、休闲度假村和乡村别墅在空间上同样存在着距离递减规律，尤其是乡村别墅的居住功能更为显著，所以对距城中心的距离敏感度更高。

6. 结论

随着人民物质生活水平的逐渐提高，城市生活压力的日益增大，环城市乡村地区成为

图8 北京怀柔新王峪村农村别墅（朴志娜 摄）

市民放松心境，与自然亲近的游憩地。环城市乡村位于城市边缘，依赖于城市的经济和社会发展，因此具有传统乡村没有的特征，对城市环境具有生态平衡与修复的功能。此外，环城市乡村具有较好的地理区位和交通优势，是居民观光与休闲的场所，并承担着乡村文化传承与农业科教普及的作用，在旅游及农产品贸易过程中，实现着城乡的经济互动。环城市乡村地区的农业旅游产品内容丰富，有农业会展、观光采摘农园、市民农庄、民宿农院、休闲度假村和乡村别墅六种类型，在空间分布上基本呈现出圈层结构，并具有距离递减规律。

环城市乡村旅游不仅能够促进乡村经济、带动地方就业，对城市的可持续发展也有重要作用。乡村是农耕文化、农业文明的发源地，是农业的集聚地，城市是工业文明、现代文化的先发地，是二三产业的集聚地。城与乡是同天与地、山与水、男与女一样的"阴阳两仪"二元关系，城为阳，乡为阴，城市繁华，乡村宁静，城市伟岸，乡村柔情。城与乡的和谐发展和良性互动是社会进步的源泉，环城市乡村旅游是城与乡的交流契机，作为一个农业大国，乡村旅游在中国有很大的发展机遇。

参考文献：

[1] 国家旅游局，国家统计局. 2000年"十一"黄金周旅游统计报告[R]. 旅游调研，2000(49).

[2] 吴必虎. 大城市环城游憩带(ReBAM)研究——以上海市为例[J]. 地理科学，2001，21(4)：354-359.

[3] Molera, L., Albaladejo, I. Profiling segments of tourists in rural areas of South Eastern Spain[J]. Tourism Management, 2007, 28(3): 757-767.

[4] Frochot, I. A benefit segmentation of tourists in rural areas: a Scottish perspective[J]. Tourism Management, 2005, 26(3): 335-346.

[5] Lane, B. What is rural tourism[J]. Journal of Sustainable Tourism, 1994, 2(1&2): 7-21.

[6] Pulina, M., Dettori, D. G. and Paba, A. Life cycle of agritouristic firms in Sardinia[J]. Tourism Management, 2006, 27(5): 1006-1016.

[7] 张瑜，杨晓霞. 国外农业旅游研究综述[J]. 人文地理，2011，26(5)：15-23.

[8] 程道品，梅虎. 农业旅游研究综述[J]. 改革与战略，2004(10)：52-56.

[9] 应瑞瑶. "农业旅游"及其相关概念辨析[J]. 社会科学家，2002，17(5)：31-33.

[10] 王小磊，张兆撤，王征兵. 试论乡村旅游与农业旅游[J]. 经济问题探索，2007(2):156-157.

[11] 姚昆遗. 发展农业旅游略议[J]. 旅游科学，2005，19(4)：28.

[12] 范春. 农业旅游系统开发研究——以重庆市为例[D]. 重庆：西南大学，2009.

[13] 北京统计局.北京统计年鉴.[EB/OL]. http://www.bjstats.gov.cn/nj/main/2011-tjnj/index.htm,2011年.

[14] 李洪庆，刘黎明. 现代城郊农业功能定位和布局模式探讨——以北京市为例[J]. 城市发展研究，2010，17(8)：62-67.

[15] 李磊，徐辉. 城市化及其对大气环境的影响[J]. 中国环境管理干部学院学报，2010，20(5)：53-56.

[16] 刁海辉. 北京近郊农业原生态模式研究[D]. 北京：中国农业科学院，2009.

[17] 宿迁市旅游局.市政府关于加快全市乡村旅游发展的意见（索引号：01618087-8/2010-00083）[EB/OL].http://www.suqian.gov.cn/publish/main/1/971/1003/1155/1326/2255/2256/20121022041726682613442/. 2010-12-01.

[18] World Tourism Organization. Sustainable Tourism Development: Guide for Local Planners[M]. Madrid: WTO, 1993.

[19] World Tourism Organization. Rural Tourism: A Solution for Employment, Local Development and Environment[M]. Madrid: WTO, 1997.

[20] 李慧欣. 发展乡村旅游的经济学思考[J]. 华中农业大学学报：社会科学版，2003(2)：37-39.

[21] 张清，陈志文. 吉林乡村旅游与农村经济发展[J]. 吉林师范大学学报，2003，24(4)：29-31.

[22] 张成君，陈忠萍. 论拓展我国乡村旅游经济的空间[J]. 经济师，2001(7)：60-61.

[23] Oppermann, M. Rural tourism in Southern Germany[J]. Annals of Tourism Research, 1996, 23(1): 86-102.

[24] Aref, F., Gill, S. S. Rural tourism development through rural cooperatives[J]. Nature and Science, 2009, 7(10): 68-73.

[25] 张文茂，北京郊区都市型农业的发展趋势[C]//周远清，中国特色农业现代化与西部大开发. 陕西：西北农林科技大学出版社，2010：225-233.

[26] 张艳芳，李开宇. 中国发展观光农业的资源分析及对策[J]. 人文地理，1999，14(1)：61-63.

[27] 李仁杰，杨紫英，孙桂平，郭风华. 大城市环城游憩带成熟度评价体系与北京市实证分析[J]. 地理研究，2010，29(8)：14-24.

[28] 吴必虎，黄琢玮，马小萌. 中国城市周边乡村旅游地空间结构[J]. 地理科学，2004，24(6)：759-763.

The China Creative Agriculture Aesthetic Economic Research Report 2012

中国创意农业美学经济研究报告2012

文/章继刚

【摘 要】

创意农业是以增加农产品附加值为目标，构建农村创意生活的生产方式和生活方式。创意农业以审美体验为主题，具有养生养美、体验品味的功能和快乐、高效的特点，目的是让农民增收、农村增美、企业增效、城市增辉。创意农业让生活更美好，美学经济让生活更幸福。创意农业高端产业在农业领域的主导地位和引领作用越来越突出，已成为我国农业农村经济发展的重要支柱和农民增收的重要来源。到乡村体验花草树木、田园农舍营造出的意境，已经成为乡村创意生活家的一种潮流，成为一道靓丽的风景线。创意农业是一场以食品安全和美学农业为基础的生活方式的革命。加快推进创意农产品生产，实施中国创意农业富民计划，打造创意农业万亿产业，创造中国农民独特增收模式，构建农村创意生活的生产方式和生活方式，努力推进城乡统筹发展。

【关键词】

创意农业；美学经济；养生养美；产业倍增

【作者简介】

章继刚　成都市创意农业协会会长

1. 中国创意农业美学经济研究发展研究述评

1.1 美学经济让创意农业成为养生养美产业

创意农业以审美体验为主题，具有养生养美、体验品味功能和快乐、高效的特点，目的是让农民增收、农村增美、企业增效、城市增辉。创意农业让生活更美好，美学经济让生活更幸福。

游名村名镇，赏乡村美景，优美乡村与优美产业共同推进，创意农业促进了乡村旅游和美学经济的融合发展，拉近了城市与农村的距离，创意农业美学经济以优美乡村建设和创意农业旅游为平台，将地方资源优势转化为产业资本优势，带动优美产业的高端化经营、全产业链构建、可持续发展，代表了未来农业经济的发展方向。

在"最美乡村"建设中，北京通过将美学经济发展与"最美乡村"建设结合起来，按照"生产美、生活美、环境美、人文美"标准，把新观念、新时尚带入了农民的生产和生活，挖掘当地的资源文化创意与生态资源，展现创意农业美学经济独特的魅力，充分彰显北京乡村创意农业文化的特色和韵味，从近4000个行政村中评选出53个"北京最美乡村"，引领了乡村旅游发展的时代方向。

广州市在推进名镇名村建设中，围绕高端、生态、养生、创意，依托当地乡土风情和自然风光，充分发掘地方文化，重点选择一批文化底蕴深厚的镇、村作为名镇和名村的建设点，统一规划，商业运作，将人文景观、乡村摄影、农家采摘、意境审美、农耕教育等融入自然生态体验之中，建设成集旅游度假、康体娱乐、现代购物于一体的岭南文化生态旅游名镇，实现创意旅游业倍增、农业产业倍增、农民收入倍增，打造体现广州创意农业发展和创意农村建设水平的"名片"，充分诠释了最完整、最时尚的乡村创意生活家的优美享受。

1.2 创意农业成为农业产业倍增新模式

美学经济是一项培育文化、传播农业创意的优美事业。

美学农业以农兴旅、以旅促建，引导人们树立崇尚绿色生活、亲近大自然、回归大自然，让"农村美起来，农民富起来，农村文化活起来"。江西婺源把全县3000km²作为一个文化生态大公园统筹规划建设管理，依托城区、郊区、景区"三区"平台，通过发展乡村美学经济改善古村落生态环境，培育婺源创意农业文化品牌，提升古村落的文化品位，建立了以生态农业、生态工业、生态服务业和文化产业为基础的文化生态经济体系，最终实现农民增收、农村致富基础上的城市化进程，成为全国乡村美学经济发展的新模式。

浙江仙居积极建设"村新、业兴、景美、人和"的美丽新农村，形成一批亿元创意农产品主导产业集群，培育独特的杨梅经济、油菜花经济，以农家休闲、旅游、运动、创意等为主题，突出景观亮点，打造特色鲜明的创意村庄，促进仙居创意农业旅游。

成都市双流县是全国发展创意农业最早的地方之一，根据县农村发展局统计，双流县的草莓、枇杷、辣椒、云崖兔，均已获准成为国家地理标志保护产品。截至2011年，全县有机农业生产基地达到3.6万亩，有机农产品年产值达到5.59亿元。特别是融观赏、娱乐、体验、休闲为一体的合江镇冬草莓采摘之旅，太平镇五月枇杷美味欢乐行，三星镇六月杨梅养生游，彭镇八月有机葡萄采摘月，尽情吹生态空调、吃富硒葡萄，九月到云崖感受玉兔美食文化，冬季到黄甲喝羊肉汤、品尝美味的羊肉大餐……走进新农村，快乐乡村游，双流县接连举办的规模大、效益高、反响好的创意农业节庆活动，充分体现了"巴蜀特色、成都元素"，展示了创意农业的生产、生活和生态功能，成为双流唱响创意农业、舞动美学经济、展示养生养美富裕幸福新农村的一张王牌，吸引了广大市民亲自采摘、赏花、品果、踏青，促进了乡风文明。

1.3 创意农产品已成为农民增收重要渠道

四川省以转变农业发展方式、促进农民就业增收为抓手，积极推进创意农业发展，四川创意农业产业呈现创意农业高端产业集群、创意农业基地、创意农家乐、创意农业科技园区、农耕文化主题园区等发展业态。

如今，四川的四季花海、彩田艺术、灵芝盆栽等一批具有丰富文化内涵的创意农产品备受游客青睐。在温江，青春园林红枫基地的创意红枫、惠美花境的多彩花境、药博园的药田观光，都通过产业创意提升了农业的附加值。四川创意农业集文化、博览、科普、度假、创意、观赏、品尝、教育、商务为一体，从创意生产到创意生活，享受农艺农耕的乐趣，体验乡土生态风情，连片化、规模化、高端化发展，呈现蓬勃发展态势。从成都"五朵金花"到汶川水磨古镇，从西昌"乡村八景"到双流"玫瑰天堂"，从成四季花海、彩田艺术到灵芝盆景、竹海根雕，创意农业让农业景观身价倍增，涌现出一大批千万甚至亿元创意农业生产大户，一批十亿级及至百亿级创意农业龙头企业在四川诞生。据四川省农业厅统计，四川省依托休闲农业和创意农业产业发展，带动农民致富的专业村，已超过3500个，占全省乡村总数的7%，带动了600余万农民就业增收。

在享有"国际花园城市"、"全国休闲农业与乡村旅游示范区"盛誉的成都市温江区，依托花木生态本底和川西林盘大田景观资源发展观光体验农业，提出了11条休闲农业与乡村旅游线路设计，规划了特色美食、有机农产品、温江花木等三大休闲农业品牌，全力构建以花木产业为支撑、有机农业和休闲农业协调发展的现代都市农业产业体系，用4~5年时间实现都市农业产值和农民收入"双倍增"。其中，融药田观光、科普教育、生态休闲的"芙蓉长卷"中医健康养生产业园，集速度赛马、时尚运动为一体的国际马术体育公园,以激情体验、休闲度假为中心的国色天乡乐园,通过"健康绿道"将水体、公园、绿地、农田、历史文化遗产有机串联。走进农村感受田园,赏花、骑绿道、吃坝坝宴,拓展了创意农业与乡村旅游的运动休闲外延。"春观红枫,夏游玫瑰,秋品桂花,冬赏年宵花卉",鱼凫历史遗址保护区、成都平原农业公园、稻田乡村酒店、农耕博物馆由花草树木、田园农舍营造出的画面、意境,别具一格的创意和匠心赋予了农业新的含义,为城市居民提供亲近自然、回归自然的机会,真正实现了"创意提升农业,休闲改变生活",成为促进温江区花卉苗木产业向彩化、香化、美化转型升级的重要助推力。

如今,成都市温江区通过"产业景观化、景观产业化",推动了全区创意农业与乡村旅游的发展。以新农村建设为背景,农耕文化为底蕴,民俗文化为特色,乡村风情体验为亮点,围绕花卉苗木、有机农业、特色乡村等主要资源,让游客在农业旅游中体验新奇、时尚等现代休闲娱乐元素,形成"生态基底-创意农业-乡村旅游"良性循环的产业格局,集乡村度假、生态观光、文化体验于一体的"生态休闲健康之都"。

1.4 乡村审美体验成为建设新农村一道靓丽的风景线

乡土文化浓厚的创意农业生活方式让人们趋之若鹜,到乡村体验花草树木、田园农舍营造出的意境,已经成为乡村创意生活家的一种潮流,成为一道靓丽的风景线。未来属于创意时代,文化体验、观光休闲、审美享受、健康文明、充实快乐更多地进入人们日常生活,网上菜场、有机蔬菜的按需生产和点对点配送,融生产、服务为一体,高起点定位、高标准规划建设,要求创意农业项目布局更合理、定位更科学、特色更鲜明。南京"农业嘉年华"、成都"农家乐"、北京"民俗京郊游"共同成为创意农业发展的成功典范。

近年来,各级高度重视农业发展,不断加大政策扶持和资金投入力度,坚持高端引领,推进产业升级,促进各产业向高端高质高效发展,扶持一批素质高、发展快、带动能力强的新型生产经营主体,培育一批质量好、影响大、市场占有率高的知名品牌,基本构建起高端高质高效发展的农业产业新格局,创意农业高端产业在农业领域的主导地位和引领作用越来越突出,已成为我国农业农村经济发展的重要支柱和农民增收的重要来源。

创意农业是一场以食品安全和美学农业为基础的生活方式的革命。创意灵感在原生态的乡村不断涌现,自然宁静的乡村创意生活成为开启幸福人生的新境界。

1.5 发展意境产业加快农民增收、农村增美发展步伐

意境指通过文学艺术或大自然景观表达的审美体验和美学境界。意境产业就是通过运用美学经济与消费经济融合发展,实现美学经济产业化、消费经济审美化、环境经济优美化,形成循环发展、绿色生态的审美文化产业。

创意农业意境产业是通过实施创意农业优美产业发展新模式,提升农业文化软实力,建设美丽乡村,发展优美产业,推动生态建设、创意农业、观光体验同步发展,营造农村生态优美、生产优美、创意优美、生活优美、环境优美的意境产业。

创意农业产业能够进一步促进创意农业与观光体验相结合,实现由产业低端的"农家乐"向以文化创意为重点的高端"创意游"转变,以跑马观花的"观景游"向美景美心为重点的"养生养美游"转变,实现从量变到质变的飞跃,最终形成以创意农业促乡村文化发展,以优美环境发展促农民增收、农村增美的新格局。

新农村综合体建设通过加快创意农业为核心的乡村创意旅游业发展步伐,大力发展富有艺术气息的创意农业意境产业园,建设创意氛围浓厚、意境幽远的创意农业意境区,开发充满诗意的创意农业意境产业带,打造环境优美、和谐共生的创意农业意境县、充满时代意境的创意农业意境城市,呈现配套设施现代化、传统耕作农艺化、农业生产高端化、乡村景观生态化的现代化新农村优美景象,打造山清水秀、赏花品果、生活富美、安全舒适、相处融洽、让人流连忘返、人人幸福的新农村综合体美丽意境。

1.6 创意农业:农业投资的新热点

打造高端农产品、发展高效农业,是实现由传统农业向都市型现代农业转变的一种有效形式。

创意农业高端市场迅速崛起,使得农业奢侈品有着广阔的市场。在全国农产品出口第一大市山东莱阳,最为高端企业之一的朝日绿源农业高新技术有限公司,已于5年前以援助中国农业的方式,率先进入生产种植—食品加工—终端零售各个环节,以高端品质、循环经济的运营模式,抢占正在崛起的高端农产品市场。在北京、上海、青岛等终端超市,该公司的牛奶价格高达18元/升,草莓价格高达每公斤140元以上,甜玉米每个8元。

在江苏,台资密集的无锡锡山区,高端蔬菜项目已成为台湾农业企业在长三角的投资新热点。台湾先端农业科技公司投资5000万元的高端蔬菜种植项目、台湾启业生物公司投资2000万元的优质水稻种植项目也将有力地提升当地的农业生产水平。泰国正大集团出资100亿,中信国际投资出资50亿,欲与山东寿光蔬菜联合创立新公司蒙源集团,打造中国农业全产业链,将在全国布局市场。

今后,各地政府应将着重抓好优质粮食产业、农产品加工业、高效园艺产业、劳务产业、农业休闲观光产业和生物质产业,以此构建现代农业产业体系的重要环节。农业休闲观光产业将重点发展以果为媒、以花为媒,以及把自然风光与农耕民俗文化、茶文化、花文化等结合的休闲观光产业。发展创意农业具

有广阔的前景,大有文章可做。

创意农业已成为农业的下一座金矿。

2. 美学经济的内涵

2.1 创意农业学的内涵

创意农业是指以增加农产品附加值为目标,在农产品研发、生产、加工、营销、服务过程中,以及在农业节庆、农业科普、农业电子商务、农业总部经济、农业审美、农业旅游、农业创新活动中,进行生产创意、生活创意、功能创意、科技创意、产业创意、品牌创意和景观创意,通过营造优美意境,创造农民独特增收模式,促进社会主义新农村建设,以实现农业增产、农民增收、农村增美的新型农业生产方式和生活方式。

创意农业学研究认为(《创意农业学》,四川科技出版社2011年版),创意农业是通过"四生",即创意生产、创意生态、创意生活、创意生命,推进"三增",即创意农业产业增优、增名、增汇,创"七美",即美色、美形、美味、美质、美感、美景、美心的目的,以实现资源优化配置,产生更高附加值,促进农业增效、农民增收,建设社会主义新农村的新型农业生产方式和生活方式。

创意农业学以美学经济理论、总部经济理论、战略资本理论、附加值文化理论、消费教育理论为理论基础,以附加值文化为理论核心,瞄准世界农业高新技术发展前沿,着力构建创意农业理论创新体系,为形成城乡经济社会发展一体化新格局提供有力支撑,推进社会主义新农村建设。附加值文化理论的出发点和着眼点是充分调动广大农民的积极性、主动性、创造性,大力培育农产品附加值文化,改善农村生活方式,改善农村生态环境,统筹城乡产业发展,不断发展农村社会生产力,达到农业增产、农民增收、农村繁荣,推动农村经济社会全面发展的目标。

2.2 美学经济的内涵

美学经济是指以审美体验和文化传播为核心,以创意为导向,以消费教育、消费时尚、美学传播为表现形式,以审美文化、体验、文化为主题,以创意产业为载体,满足消费者情感需求、审美需求、体验需求、消费需求,构筑智慧密集、创意密集、技术密集、体验密集、高回报、高利润和高附加值的体验经济。美学经济作为新经济形态,是继农业经济、工业经济和服务经济之后人类社会所经历的第四种经济形态。

创意农业美学经济是指在创意农产品生产和农业生活过程中,以创意生产和审美愉悦为核心,以农产品附加值为目标,以美学景观化、经济市场化、产业高端化、田园艺术化和生活美学化为取向,以满足消费者的情感需求、审美需求和生活方式表达需求,围绕发展"七美"产业,促进产业倍增、农业增效、农民增收、农村增美,建设社会主义新农村的新型体验经济。

农业发展进入新阶段,农产品市场需求结构呈现多元化和优质化趋势。随着城乡居民收入的增长,人们对农产品的营养功能、保健功能和安全性等个性化特殊需求逐步增加,丰富多样的创意农产品备受市场青睐。优化创意农产品区域布局,加速现代生产要素向优势区定向聚集,有利于用现代高新技术改造传统特色农业,加快优势区现代农业建设,充分挖掘区域特色资源潜力,尽快形成新的创意农业生产能力,增加优质创意农产品供给,满足日益细分的市场需求,提高人们的生活质量。

近年来,成都发展创意农业取得了显著成效,出现了一批创意农业典型案例。成都市锦江区农村非城市建设用地17.3km²,按规划不能作为建设用地。该区在深入调研的基础上,充分利用城市通风口紧邻大城市的地缘优势,因地制宜地推进城乡一体化,发展农业创意产业,实现"五朵金花"与绘画、摄影、雕塑、音乐创作等创意艺术的有效结合,建设成都创意艺术大平台,推动文化创意与观光休闲旅游产业融合发展,创造性地打造了"花乡农居"、"幸福梅林"、"江家菜地"、"东篱菊园"、"荷塘月色"等"五朵金花","五朵金花"2006年被国家旅游总局评为4A级风景旅游区,形成了"环境、人文、菊韵、花海"的交融,"荷塘月色"优美的田园风光,成为了艺术创作、音乐创作的艺术村。"五朵金花"景区建成的绿地成为市民休闲的开放式公园,形成了以春有红砂之百花、夏有万福之荷花、秋有东篱之菊花、冬有幸福之梅花、江家菜地体验休闲农事的乡村休闲观光旅游新亮点。"五朵金花"改变了一个地区的创意,是文化创意要素融入传统农业,打造创意农家乐的典范。

3. 中国创意农产品美学经济发展存在的突出问题

(1)农民文化素质较低,严重阻碍创意农业高端产业的发展。农民对信息技术和电子商务的相关知识了解甚少,严重阻碍着农业电子商务的发展。对农民电脑培训活动力度不够。

(2)缺乏活动经费。经费短缺、来源不固定仍然是制约创意农业高端产业发展的核心问题。尽管四川省中国西部创意农业高端产业创新联盟承办的中国创意农业发展论坛已经成为海内外最具代表性、影响力最大的创意农业交流平台,但缺少稳定的活动经费,目前经费缺口较大,活动经费不足。

(3)农村土地减少。不断推进的工业化和城市化浪潮导致农村土地减少,农民的利益在土地流转中受到损害,补偿不够。

(4)农产品质量安全问题尚未得到根本解决,影响农产品质量安全的各类因素有待进一步消除。

(5)农业发展方式粗放,经济结构不够合理,农产品加工"小而散"、"档次低"等问题突出。龙头企业的市场开拓能力、科技进步与经营管理机制创新不够,市场竞争力不强。

（6）美学经济和创意型人才稀缺,美学修养不够。乡村创意师、乡村规划师、乡村策划师、农业会展美术师等人才缺乏已成美学经济发展瓶颈。部分创意农业项目文化元素和美学经济含量不高、精品缺乏。

（7）龙头企业和农民专业合作社融资难问题依旧突出。农产品加工业属微利行业,企业自身积累少,资金来源渠道主要靠银行贷款,而银行对规模小的农产品加工企业因抵押物不足,几乎不愿贷款。如成都农民专业合作组织成员总数已经超过24.7万个,但是专业合作组织普遍感到资金周转困难,主要反映在贷款难、融资难。

（8）品种单一,创意不突出。目前,能够很好地满足城乡居民的消费需求的农业创意精品不多,如成都创意农业旅游多为农家乐,在产品创意、包装创意、文化创意、园区创意、设计创意、营销创意等方面水平不高,参与性、体验性、观赏性、创意性不够,市场竞争力不强,尤其农家乐同质化特别严重。

由于投入不足和政策扶持少,创意农业发展过程中仍面临一些问题。创意农产品的技术含量和附加值有待于进一步提高,不少农产品品牌的国内市场知名度和认可度不高,缺少国际影响力强的驰名商标、著名商标品牌和高新技术产品品牌;发展和保护创意农产品品牌的政策和环境需要进一步完善;创意农产品品牌运作方面的高层次专业人才紧缺。

4. 加快中国创意农业美学经济发展的战略对策

4.1 实施中国创意农业富民工程,打造创意农业万亿产业

在全国实施"中国创意农业富民工程"（以下简称"工程"）,以农户为基本单位,以创意农产品生产为核心,整合农村各类创意农产品生产技术,坚持"聚集资源、突出重点、形成特色"的思路,以文化支撑产业,以品牌塑造形象,通过农业与艺术的有机结合,赋予农产品以文化内涵,使农产品具有"七美"特性,让人的五官从中获得享受,让全社会都来感恩农业,关爱农业,以文化农业与情感农业的理念为农产品寻求新的销售方式,让农业闪耀文化和智慧的光芒,最终达到增加农民收入的目的。"工程"是新阶段促进农村经济、社会发展,增加农民收入,改善农村生态环境,提高农民生活质量的有力措施,是加快促进农业农村现代化建设和全面建设小康社会的现实选择和必由之路。

启动"中国百万创意农民培训工程",以县为单位,主要培养扎根于农村,利用创意技术和科技知识开发农村资源,发展创意农业生产的农民致富带头人;免费开展对农场经营者、种养大户创意农产品生产技术培训,对通过农业职业技能培训的农民进行奖励。组织农民讲师团成员和农业专业技术人员开展创意农业知识更新再教育,全面提高农民的综合素质,造就一批学习型、知识型、守法型、创业型、创意型的现代创意农民,实现城乡统筹发展,建设社会主义新农村。

4.2 加大支持力度,大力推动创意农业优美产业发展的建议

4.2.1 加大资金支持力度

"十二五"期间,四川省"建设1000个万亩现代农业产业示范区,每亩实现农业收入1万元,每个示范区实现农业收入1亿元,带动1000万农民增收",意义重大,为此,必须大力发展农业会展经济。应当对中国创意农业发展论坛给予资金倾斜支持,解决目前经费缺口,充分发挥中国创意农业发展论坛在宣传四川农业特别是推动全国创意农业高端产业发展和推进城乡一体化发展方面的积极作用,发展四川农业会展经济,使中国创意农业发展论坛成为四川农业会展名片。

4.2.2 积极推进创意农业高端产业和产业高端发展

在高端产业方面,着眼于国内国际创意农业前沿技术和新兴产业,重点推进创意农业、生物农业和有机农业发展;在产业高端方面,立足于现有的农业优势特色产业,大力发展产业链上附加值最高的关键环节,占领"微笑曲线"的两端,重点抓好制种育苗、精深加工、现代营销和创意农业高端品牌打造。在创意农业高端产业发展过程中,科学规划,合理布局,深入统筹推进"三个集中",依托土地整理,大力实施土地规模经营,全面促进广大农民持续增收;以"三品一标"为载体,积极培育农业区域品牌的经营主体,推行"农产品地理标志+专业合作社（协会）+农户"的新型农业产业化模式。

4.2.3 建设中国成渝经济区创意农业示范园区

牢牢抓住国家全面发展现代农业这一契机,兼顾新农村综合体建设,以促农增收为目的,积极探索打造"中国红海"、"中国花海"等一批中国成渝经济区创意农业示范园区,着力抓好产业发展,结合实际培育创意农业主导产业,推进现代农业产业基地建设和农业产业化经营;紧扣构建以高端产业为主导的现代经济体系目标,发展高端产业和产业高端,突出抓好创意农业花木产业、有机农业等都市型创意农业发展;把农民组织进现代农业产业体系中,通过产业发展实现持续稳定增收,为新农村综合体建设提供有力支撑。

4.2.4 深入推动农业产业技术创新战略联盟发展,大幅度提升创意农业产业核心竞争力

要围绕战略性新兴产业的发展方向和产业优化升级的重大需求,结合技术创新工程"十二五"规划的制订,进一步完善构建联盟的工作布局,突出重点,明确目标。既要注重发挥部门和行业协会在构建农业产业技术创新战略联盟中的引导作用,又要充分运用市

场机制调动产学研各方的积极性,加强联盟构建,促其健康发展。要依托农业产业技术创新战略联盟,贯通科技成果转化的渠道,加速科技成果转化为现实生产力;通过构建创意农业产业技术创新链,支撑企业占领价值链的高端,赢得农业产业发展的主动权。

在农业产业技术创新战略联盟构建中要处理好加强政府引导和发挥市场机制作用之间的关系。政府要发挥协调引导和支持作用,营造有利于农业产业技术创新战略联盟发展的政策环境、法制环境和人文环境。要尊重产学研合作单位的自主选择,不搞行政干预和"拉郎配"。要更加注重遵循市场规律,立足于企业创新发展的内在要求和合作各方的共同利益,通过平等协商,建立有法律效力的联盟契约,对联盟成员形成有效的行为约束和利益保障。

4.3 着力推进从卖产品到卖环境的历史性转变

4.3.1 积极开发创意农业旅游文化资源,大力发展创意农业、品牌农业

兴办各类专业市场,促进城市基础设施向农村延伸,基本公共服务向农村覆盖,提升中心镇集聚辐射能力,拓展中心镇发展新空间。实行整体策划、分头包装、结对共建、归口实施。注重财政引领,不断加大对优美乡村的考核和奖励力度,每年安排资金对优美乡村建设村镇实施以奖代补。积极建设创意村镇、着力培育创意农民,以经营优美乡村为目标,以产业转型为途径,大力推进创意农业旅游发展,培育一批有较强区域特色、有竞争优势的创意农业专业特色村和创意农业产业。实施中国优美乡村人才开发计划,加大科技兴农和科技人才培育力度。

4.3.2 建设"中国优美乡村"

在优美乡村保留一批推磨、踏水车、舂米、织布、采摘蔬菜等传统的农业生产方式和农技工艺,为游客提供别样的原生态乡村创意生活体验项目,做活"花"、"果"、"田"、"塘"、"路"、"林"、"地"七要素文章,抓点成线、串珠成链,把沿线的景点和优美的村落紧密地结合起来,打造创意农业耕读文化、桃花美食文化、养生养美文化、乡土品牌文化、环保科普文化,实现从卖产品到卖环境的历史性转变。

4.3.3 重点发展创意农业旅游,推进传统农产品转向创意商品、农业园区转向创意景区

支持帮助农民依托丰富的自然资源,发展创意农业,涉足创意农家乐,实现从卖产品到卖风景,再到卖环境的历史性转变,闯出一条农业强、乡村美、农民富、城乡和谐发展的新路,让全民共建共享幸福;让人人平等、和而不同、互惠互利,在更有尊严的和谐氛围中舒展幸福。

4.3.4 着力挖掘农业功能,建立三次产业紧密联系的现代产业体系

"接二",就是推动农业与工业实行对接,以龙头企业、合作组织为依托,大力发展农产品加工业,提高产业附加值。"连三",就是把农业导入第三产业,开发农业的生态调节、观光旅游、养生养美、文化传承等功能,促进农业生产、农产品加工业、农业服务业协调发展,提高农业资源的附加值,提高农业综合效益。做到两个坚持,坚持城乡统筹建设、因地制宜、提升内涵、彰显特色原则,持续加大投入;坚持高起点规划、高端产业拉动、高水平建设、高技术发展和高速度增长,打造成都100km国际鲜花大道,绿道为"藤",鲜花为"景",促进绿色自然与城市充分融合,将国际创意农业观光城市建设成为全国创意农业优美产业的示范工程、新农村综合体建设的品牌工程、市民共创共享的民心工程,努力打造创意化、国际化、现代化的优美城市。

4.3.5 在成都建设国家级创意农业科技园区

建议由中国创意农业高端产业创新战略联盟携全球川商,全力在四川打造中国第一个创意农业优美产业千亿园区——成都国家级创意农业科技园区,园区整体规划面积120km^2,核心区面积30km^2,总投资达120亿元,打造在全国乃至国际上占据主导地位的优势产业,采取综合规划、统一指导、区域布局、分步实施的方式,到2015年基本建成符合创意农业发展方向的全国第一个以创意农业优美产业、产业创新、养生养美文化为核心的创意农业千亿产业园区,成为中国农业走向世界的窗口。

参考文献:

[1] 章继刚. 创意农业学[M]. 北京:中国科学文化音像出版社,2009.

[2] 章继刚. 中国创意农业发展报告[M]. 北京:中国科学文化音像出版社,2010.

[3] 章继刚. 创意农业学[M]. 成都:四川科技出版社,2011.

创意农业 *Creative Agriculture*

The Four Drivers of Innovative Agriculture

创意农业的四驾马车

文／马达飞

【摘　要】
本文首先讲述了创意农业的重要意义，然后以"科技、文化、产业、服务"四个关键词来剖析创意农业的美学本质，同时用洛可可创意农业的实践案例来阐述创意农业的三种基本形式，为中国创意农业的发展作了一定的探索工作。

【关键词】
创意农业；创新美学新田园

【作者简介】
马达飞　　洛可可国际创意农业技术有限公司总裁

本文图片均由洛可可国际创意农业技术有限公司提供

图1 传统农业油茶图片

1.创意与农业结合的重要意义

1979年诺贝尔经济学奖获得者西奥多·舒尔茨先生在他的获奖致词中说道:"世界上大多人仍在继续出卖劳力赚取微薄的收入。他们一半或一半以上的收入都花在食物上,他们的生活十分艰辛,他们想尽一切办法提高产量。但是,大自然安排了数千种物种,随时有可能吞噬他们的劳动成果。太阳、地球、季风、降雨都不会特意眷顾他们。高收入国家的人们似乎已经忘却了阿尔弗雷德·马歇尔的箴言,他说:'知识是生产中最强大的引擎,知识使我们有能力与大自然抗争,使大自然满足我们的需要。'"

中国是一个拥有五千年农业史的国家,同时中华民族是有着极其丰富的农业生产传统和灿烂农耕文明的民族。然而,伴随着工业文明的冲击和全球一体化的脚步,使得这个历史上早熟的传统农业国家迈着稚拙的步伐,去追逐现代农业的踪影。当小农经济遭遇集约化农业,当手工耕作遭遇现代化农业设施,当单一农产品遭遇丰富多彩的进口农产品,昔日农业大国显得如此这般的手足无措,中国农业如何由大变强,现代农业将何去何从(图1)?

舒尔茨先生在他的著作《改造传统农业》中指出:"精通农业是一门可贵而难得的艺术。"把农业提升到了形而上的层面,同时他又指出:农业不仅仅是农学的范畴,更应该放到经济学的层面,从系统而宏观的角度去衡量。2008年,全国政协副主席、著名经济学家厉无畏在两会上第一次正式提出"创意农业"这个概念,但当时更多的还是停留在理论层面,洛可可国际创意农业是第一家以创意农业为核心的企业化运作公司。基于此,洛可可创意农业尝试转变传统农业单一的生产模式,创构以服务为导向的新兴农业形态——服务型农业。

根据马克思主义"生产力决定生产关系"的基本原理,创意农业将探索以美学经济理论、宏观经济理论、战略资本理论、消费教育理论为理论基础,以创意经济为理论核心——即以农业、工业、服务业乃至智慧产业为跨界整合实践体系,其理论基础是瞄准世界农业高新技术发展前沿,同时依托中国经典文化,着力构建创意农业理论创新体系,为形成城乡经济社会发展一体化新格局提供有力支撑,促进社会主义新农村建设。其理论核心是把附加值文化的出发点和着眼点利用起来,充分调动广大农民的积极性、主动性、创造性,大力培育农产品附加值文化,改善农村生活方式,改善农村生态环境,统筹城乡产业发展,不断发展农村社会生产力,达到农业增产、农民增收、农村繁荣,推动农村经济社会全面发展的目标。因此,我们认为,创意农业是以"通过产业融合与创新,实现人人向往的新田园生活方式"为宗旨,最终为建设国家"以创新机制来实现中华民族伟大复兴"的宏远目标而努力的不朽事业。

所谓美学经济,是以美感和创新为核心内容,向消费者提供具有深度体验与高品质美感的审美过程,使消费者愉悦为目的以获取收益的新型产业。创意农业美学经济的本质在于在创意农业美学经济环境里,农产品、农业生产景区某种意义成为了美的附加产品,商家将由美产生的深度体验和心情的愉悦作为产品,以特定载体承载并进行销售。创新是创意农业的源头活水。创新是思想,是灵魂,对创意产业起着带动作用。没有了创新,创意产业就成了无源之水,无本之木。创意农业将创意过程标准化、规范化、制度化,是将创意产业更加具体,更加专业,并以现代服务业的标准引领农业又好又快地发展。中共中央总书记胡锦涛同志在2012年7月上旬召开的全国科技创新大会上指出:"到2020年,我们要达到的目标是:基本建成适应社会主义市场经济体制、符合科技发展规律的中国特色国家创新体系,进入创新型国家行列。"胡锦涛同志的讲话,为创新型国家的建设明确了目标,设计了途径,我们相信国家意志推动的结果一定会使我国牢牢把握住新的科技革命和产业变革的机遇、世界科技创新格局调整的机遇、经济发展水平不断提高和市场不断扩大的机遇,在不太长的时间内实现国家创新能力的大幅提升,在2020年初步建成创新型国家。

2.创意农业的四个关键词

科技、文化、产业、服务是创意农业的四驾马车,应该说,创意农业缺少了以上的四种关键要素,将难以称其为真正的创意农业。

科技,使人类不断超越自我,永续发展。正是缘着农业技术的不断进步,使人类摆脱饥饿,衣食无忧,才使社会分工得以不断独立化、专业化,创造出来异彩纷呈的多元世界。在农业中,生物技术、数字农业、光伏农业等先进的科学技术应用带来新的生产方式,为创意农业拓展了广阔无垠的空间。

文化,是人类的航标灯。在人类的发展长河之中,文化既是向前发展的与原动力,同时又规范着发展的尺度。创意农业对于文化的尊崇是至高无上的,在规划之中始终坚持对于自然肌理和历史文脉的保护,确保文化生态与创新型现代农业发展并驾齐驱,并通过农业产品

图2 成都温江桫椤园总图分区示意图

品牌将区域特色文化进行有效推广，最大化地提升产品附加价值。

产业，是通过市场需求的挖掘与引导，进行规模化、集约化的研发、生产与销售，提升农业产品的附加价值和品牌质感。对于传统农业而言，向工业、服务业的联动将成为必由之路。因此基于农业生产的多产业融合创新，进行产业链的延伸，也是创意农业最为重要的环节。

服务，创意农业将传统农业的以生产为导向转变为以需求为导向，更强调农业产品与消费者的多向度沟通，同时将农业产品符号化、品牌化、仪式化，提升其附加价值和产品文化属性，从渠道、营销、价值上全方位创新，更多专注为各种需求的消费者提供方便、快捷、健康、时尚的服务型农业产品。

3.创意农业的三种基本形式

北京洛可可国际创意农业技术有限公司是国内领先的以现代农业咨询、规划、投资及运营于一体的专业整合营销机构，目前针对创意农业的研究与实践方向基本为三种形式：

3.1 都市型创意农业

自20世纪90年代以来，我国都市型农业开始发展。到21世纪初，人们休闲度假旅游的需求开始强烈，而且呈现出多样化的趋势。一是人们更加注重亲身的体验和参与，很多"体验旅游"、"生态旅游"的项目融入农业旅游项目之中，极大地丰富了农业旅游产品的内容。二是人们更加注重绿色消费，农业旅游项目的开发也逐渐与绿色、环保、健康、科技等主题紧密结合。三是人们更加注重文化内涵和科技知识性，农耕文化和农业科技性的旅游项目开始融入观光休闲农业园区。四是政府积极关注和支持，组织编制发展规划，制定评定标准和管理条例，使休闲农业园区开始走向规范化管理，保证了休闲农业健康发展。五是休闲农业的功能由单一的观光功能开始拓宽为观光、休闲、娱乐、度假、体验、学习、健康等综合功能。总之，度假休闲农业已进入一个全面发展时期，旅游景点增多，规模扩大，功能拓宽，分布扩展，呈现出一个良好的发展新态势（图2）。

近年都市休闲农业发展的特点主要是：首先，从单一观光型农业向休闲、教育、体验型农业发展。过去休闲农业多是以农业观光和农家乐为主，功能单一，层次较低，现在休闲农业已不满足于"住农家屋、吃农家饭、干农家活、享农家乐"为内容的农家乐。在发展农业休闲旅游和农家乐的同时，还开发乡村的民俗文化、农耕文化、生态文化资源，增加了休闲、娱乐、养生、健身和回归自然的内容，从而使休闲农业向高品位、高层次、多功能方向发展。

其次，休闲农业从自发发展逐步走向规范化发展。过去，休闲农业很多是自发发展的，没有经过规划论证，经营管理不规范。近年来，各地农业部门和旅游部门都重视规范化管理，制定了农业旅游和民俗旅游的评定标准，有的对农家乐和休闲农庄还制定了星级标准。依据标准定期进行评估，评出一级、二级休闲农业旅游示范区（点），使休闲农业逐步走向规范化和专业化。再次，休闲农业的发展考虑到了新农村建设的总体规划，密切结合农村产业结构调整、新村建设与整治、生态环境改善等各项工作开展，使休闲农业发展与新农村建设结合起来。

都市型农业主要开发模式如下：

3.1.1 连片开发模式

连片开发模式，即以政府投入为主建设基础设施，带动农民集中连片开发现代休闲度假农业。政府投入主要用于基础设施，通过水、电、气、路、卫生等基础设施的配套和完善，引导农民根据市场需求结合当地优势开发各种农业休闲项目，供城市居民到农业园区参观、休闲与娱乐。该模式依托自然优美的乡野风景、舒适怡人的清新气候、独特的地热温泉、环保生态的绿色空间，结合周围的田园景观和民俗文化，兴建一些休闲、娱乐设施，为游客提供休憩、度假、娱乐、餐饮、健身等综合服务。主要类型包括体闲度假村、体闲度假农庄和农场、乡村酒店等。如北京市蟹岛模式基本上都在采用该开发模式。

3.1.2 村镇旅游模式

许多地区在建设新农村的新形势下，将休闲农业开发与小城镇建设结合在一起，以古村镇宅院建筑和新农村格局为旅游吸引物，开发休闲旅游，主要类型有整建民居和整建宅院型、民族村寨型、整建镇建筑型、新村风貌型。湖南永州茶花村（图3）、北京门头沟爨柏景区等，就是利用农村古村落资源，修旧如旧，保留原始村落的风貌和农民的淳朴生活习惯，成为海内外乡村旅游的圣地。

3.1.3 休闲农场和农庄开发模式

近年来，随着我国城市化进程的加快和居民生活水平的提高，城市居民已不满足于简单的逛公园的休闲方式，而是寻求一些回归自然、返璞归真的生活方式。城市居民利用节假日到郊区去体验现代农业的风貌、参与农业劳作和进行垂钓、休闲娱乐的现实需求，以及对农业休闲度假的社会需求日益上升，使我国众多农业科技园区由单一的生产示范功能，逐渐转变为兼有休闲和度假等多项功能的农业园区。主要类型有田园农业型、园林观光型、农业科技型、务农体验型。如北京"番茄联合国"、上海"多利农庄"等。

3.1.4 民俗风情旅游模式

民俗风情旅游模式即以农村风土人情、民俗文化为旅游吸引物，充分突出农耕文化、乡土文化和民俗文化特色，开发农耕展示、民间技艺、时令民俗、节庆活动、民间歌舞等休闲旅游活动，增加乡村旅游的文化内涵。主要类型有农耕文化型、民俗文化型、乡土文化型、民族文化型，代表项目有云南民族村等。

3.1.5 产业带动模式

休闲农园首先生产特色农业产品，形成自己的品牌。然后通过休闲农业这个平台，吸引城市消费者来休闲娱乐与采购，从而拉动产业的发展。在这类园区，游客除休闲旅游，还带回农业深加工产品。如国家级龙头企业湖南果秀食品有限公司，产品远销欧洲、美国、日本，其规划中的生产基地，以"景观化工厂，艺术化生产"为宗旨，实现一、二、三产业融合，把都市休闲农业和农业产品加工有机地结合在一起，成为都市型农业新的典范。

3.2 园区型创意农业

当前我国已进入工业化、信息化、城镇化、市场化、国际化进程加速推进的关键时期，人增地减和农产品需求刚性增长的趋势不可逆转。要保障和增强主要农产品基本供给能力，必须突破农业生产人均资源紧缺、生产规模狭小、组织化程度不高的传统农业经营制度的瓶颈约束，发展现代农业，通过适度规模的产业化经营提高农业资源利用率、土地产出率和劳动生产率。通过发展形成资源集约、成本节约、与农民共享收益的农业产业化集群，是我国现实情况下，提升农业综合生产和供给能力、保持农业生产经营主体持续稳定增收、提升区（县）域经济活力的必然选择。

我们可以预测，农业由分散向集约转变，农业由一产种养殖向二产工业化生产延伸，引导传统农产品原材料生产和产地销售模式转向农产品加工和终端市场供应链渗透，是摆脱农业发展依赖财政补贴，保障农产品流通顺畅和价格稳定，农民从市场中真正获利的唯一出路。农业一、二、三产业融合的过程中，农业产业集群化、园区化将成为今后很长一段时期的农业新兴经济发展热点。利用区位优势和资源优势抢占这个经济发展制高点十分关键。

基于以上理念，"永州世界农业公园"应运而生。湖南省永州市148万亩的国家级农业产业化示范园区，援引潇湘文化打造永州农业八景，形成"一景一产业，一链一风貌"的绿色生态大农业格局。通过"永州农业看

图3 湖南永州茶花村

世界，世界农业进永州"的战略方向，以世界高端科技农业引领农业产业化发展，形成一、二、三产业融合联动，最终实现具有千亿规模的国家级农业产业化示范园区（图4）。

3.3 品牌型创意农业

薯鲜升系列品牌打造是创意农业的经典案例。温家宝总理曾经说过，"把小土豆发展成大产业"。实质上是把马铃薯放到了一个国家食品安全的高度，因为中国的马铃薯种植面积和产量均居世界第一。因此内蒙古宝坤农业的"薯鲜升"马铃薯产业链，从发展之初就确立了三个方面的发展方针：品种专业化；品牌现代化；品质标准化。

3.3.1 品种专业化

从马铃薯的种植基地的选择、田间的管理维护到马铃薯品种的选择，以及到对消费者的产品宣传，都必须做到科学、专业！所以，宝坤选择了"马铃薯之乡"武川县及北纬41度的黄金种植区，建设"薯鲜升"马铃薯种植基地；而对于基地的建设，更是投入了1.7亿进行现代化、科学建设。而且，选择世界公认的最优秀的鲜食性品种。同时，也将"品种知识"通过产品向消费者进行传达，使消费者对马铃薯有了更加深刻、科学的认识！在洛可可创意农业的全品牌管理模式下，宝坤马铃薯获得了如下"多级跳"殊荣：

2005年"武川土豆"经青岛诺安农产品鉴定中心检测确定，达到欧洲标准；

2006年，武川被指定为中南海马铃薯特供基地；

2007年，"武川土豆"产地商标成功注册；

2008年，一个好消息传到了内蒙古呼和浩特市武川县，当地生产的土豆通过了北京奥运会组委会的检验，成为奥运会专供食品；

2009年7月举办的第四届中国国际设计艺术博览会上，洛可可创意农业公司为对外推广内蒙古宝坤农业科技发展有限公司生产的

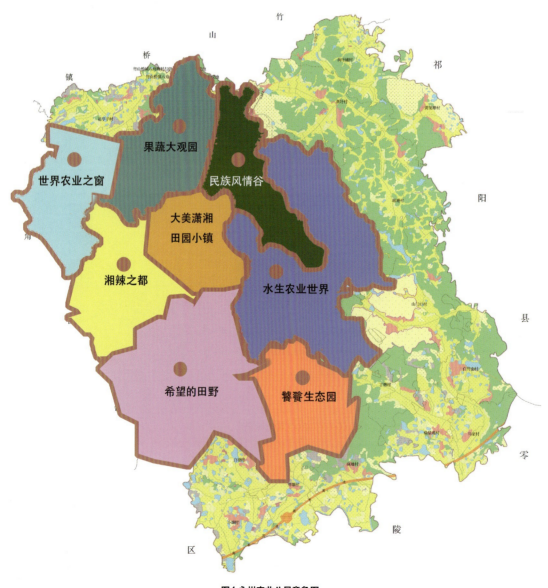

图4 永州农业八景意象图

图5 薯鲜升

图6 薯鲜升

"奥运土豆"而打造的活动——"土豆领养计划"中对一颗土豆的描述;

2010年,"武川土豆"上海世博会餐饮食品和展品;

2011年12月1日,北京第一家土豆店"薯鲜升"在望京西路Novo5层隆重开业。(图5、图6)

3.3.2 品牌现代化

中国农业产业化发展进程,已经到了产业链末端的重点建设期了,也就是说"产业市场化"的建设时期,而市场化的建设就是要进行品牌形象的二次创新,对品牌价值的重新评估,对品牌诉求的切实把握!"薯鲜升"品牌源于中国传统文化,无论在形象体现上,还是在品牌定位以及品牌的诉求方向与方式上,都在积极与现代化的公众需求进行着紧密的结合,"薯鲜升"提高了马铃薯的价值与利润,让马铃薯更时尚、年轻,我们倡导马铃薯饮食文化,因为它在人们的健康生活中扮演着重要角色!土豆从此不一样,"薯鲜升"从乡村小伙摇身变为了城市绅士,成为了走出大草原的创意农业品牌,通过未来百厨万店计划,必将开创中国创意农业的一道亮丽新风景(图7)。

图7 内蒙古武川宝坤农业创意庄园规划鸟瞰

3.3.3 品质标准化

农业品牌的建设与发展,最大的基础就是农业产品的品质基础;而所有人们常提到的"食品安全",归根结底,源自"农业产品安全"。"薯鲜升"在国家产品标准基础上、在国际认可的"有机食品"标准上,也在探索和制定着更高的属于自己的标准。目前,"薯鲜升"品牌在国家"特级"标准上,又进一步地提出了"三A品质标准"。该标准不仅囊括了种植管理中更高的标准,更涵盖了产品销售环节中对产品品质维护的更高标准要求!"把小土豆做成大产业"是一件大事,解决好土豆的种植、验收、销售和深加工等价值链条中的各个环节的问题,是马铃薯生产企业义不容辞的责

任,考验着宝坤农业围绕马铃薯产业集约化可持续发展为重点开展工作的能力和信心。因此宝坤农业要以"科学管理、质量第一、用户至上、不断创新、适应形势"的精神,不急不躁,稳抓稳打,稳步推进,把提升马铃薯产业链条价值这篇大文章做好。

笔者认为,农业也时尚,农业也优雅,农业也文明(图8)。创意与农业的结合,可以增加农产品的附加值,促成农民的增收,农业的增收。农业需要创意,创意让农业拥有了时尚气息,更改变了农业生产结构。创意农业的开发实际是传统农业的延伸拓展,这一延伸并不仅仅局限于农业单一产业层面上,而是需要整合多层次产业链,将一、二、三产业有机融合,因而成为推动农业结构优化升级的有效方式。更为重要的是,创意农业能产生巨大的经济效益,成为农民增收的新途径。随着人们生活水平的不断提高,人们的消费需求也呈多样化,传统的农业产品已经不能满足人们的需求,创意农业用文化元素提升创意农业产业附加值,通过创意满

图8 创意农业礼品——樱桃杯集合

足了人们精神和文化需求,从而提高了消费需求,开拓了新的消费空间。因此也就实现了农产品和产业的增值,让有限的农业资源变成了促进农民增收的无限源泉,让广大农民因创意而扩大了增产增收空间。

未来,创意农业将继续不断探索创意创新方式,让农业更强、农村更美、农民更富,换一种创新思路,多一些创新方法,摸索一些创新模式,用现代农业的方式缔造美学经济,一起打造社会主义农业创意的美丽新田园。

A Strategic Concept for Chinese Tea Culture Tourism

中国茶文化旅游的战略构想

文 /刘志波

【摘 要】

本文分八个部分介绍了茶文化旅游的本质和内涵，中国开展茶文化旅游的优势资源基础即丰富的茶文化历史遗存。将茶文化旅游定位为高端旅游，确定了"77-88族"是这一旅游形式的主流消费人群。分析了茶文化旅游现状，构筑了中国茶文化旅游"四驱两路"的战略规划结构。提出了以茶文化主题连锁精品酒店作为实施茶文化旅游战略的入手点和以茶文化旅游产业基金作为战略工具的构想。

【关键词】

茶文化；旅游；战略；构想

【作者简介】

刘志波　　云南博闻科技实业股份有限公司董事长

1. 基本背景和判断

从文化的视角考量,旅游是一种文化体验和创造活动。考察古代的旅游,文人雅士、达官贵人甚至帝王,亲近山水总是与咏诗作画、品茗题字、拜师访友、探讨学问等文化体验与创造活动紧密结合在一起。古代游者留存的遗迹又成为今人旅游的资源、目的和招牌。这是中国式的旅游文化,也是中国式的文化旅游。

文化旅游是旅游的高端表现形式:旅游是文化的载体,文化是旅游的灵魂。文化就是特色,是旅游地核心吸引力的重要来源,也是推动旅游发展的根本动力。

文化旅游已经上升为国家旅游发展的战略、方针和政策重点,也符合世界性的旅游发展趋势。

《中华人民共和国国民经济和社会发展第十二个五年规划纲要》提出:"推动旅游业特色化发展和旅游产品多样化发展,全面推动生态旅游,深度开发文化旅游,大力发展红色旅游。"

根据世界旅游组织最新研究和预测,生态旅游、探险旅游、沙漠旅游、自驾车旅游、宗教朝圣旅游、民俗旅游、观光农业游、修学旅游、工业旅游及科技旅游等时间性、冒险性、知识性产品将成为旅游者的消费趋势和广泛的追求对象。

茶,是中华民族的举国之饮,茶的发现可以说是中国对世界的一大贡献。茶,发于神农,闻于鲁周公,兴于唐朝,盛于宋代,清代始运销世界,从而在一定程度上影响了世界文明的发展进程。

茶文化就是与种茶、制茶、运茶、泡茶、品茶、修行等相关的物质与精神遗存和传承。中国茶文化糅合了中国儒、佛、道诸派文化、宗教与哲学思想,独成一体,是中国文化中的一朵奇葩。其流传久远、影响深广,是中华文明的重要组成部分,是中华文明影响世界的重要媒介,是中华民族内在精神气质塑造的重要环节和载体。

茶文化的核心和灵魂是茶道,对茶道很难有一个精确的定义。中日学者对茶道都有不少的论述,虽没有公认一致的表述,但学者都基本同意茶道包含与茶相关或以吃茶为契机的礼仪、艺术、哲学、道德、修行,它知行并重,心术兼修。

茶道的这一特点将对中国新一代的知识分子,特别是已经进入或即将进入退休生活的人具有极大的吸引力。他们有知识、有文化,注重健康养生,崇尚自然,追求灵性生活方式。茶道将成为他们乐退生活的必然选择之一。

茶文化的历史遗存大部分都在中国旅游的热点地区或有巨大旅游发展潜力的地区。因此,茶文化与旅游具有天然、内在的联系,以及统一性、一致性和互补性。规划发展茶文化主题旅游,将对提升我国旅游品质,弘扬和发展传统文化,促进社会和谐与文明产生巨大的推动作用。

2. 茶文化旅游的基础

中国是产茶大国,茶乡大多在山区,高山出名茶。我国的武夷山、黄山、庐山、峨眉山等名山都是产茶地。据2010年统计,全国有茶园面积195万hm^2,有21个省(市、区)900多个县产茶,即秦岭以南大部分地区的山间都有茶山分布。茶乡古茶山、古茶园、古茶树是优质的生态旅游资源。

因茶叶贸易和运输而闻名世界的历史遗存有茶马古道、万里茶路、海上丝绸之路。茶马古道从云南的西双版纳和四川的雅安到西藏拉萨直至尼泊尔和印度;万里茶路则从福建的武夷山到俄罗斯的恰克图,总行程5000km。(此外,晋商运销的茶叶有一部分经由呼和浩特、包头分别进入蒙古和新疆则基本上是延续了古丝绸之路的贸易路线,成为万里茶路的向西延伸。)与茶相关的海上丝绸之路则指从福建和广东一带港口到欧洲的航路,其运输的物资以丝绸、茶叶和瓷器为主。这三条古代最重要的贸易通道覆盖了整个中国,联系亚洲各国与世界,且都与茶叶有直接而紧密的关系,沿途留下许多的文化遗存,是优质的文化旅游资源。

与制茶直接相关的国家级非物质文化遗产就有花茶制作技艺、绿茶(西湖龙井、婺州

图1 茶马古道重镇香格里拉普达措国家公园(何昆庆 摄)

图2 西湖龙井茶园（施阳 摄）

举岩、黄山毛峰、太平猴魁、六安瓜片）制作技艺、红茶（祁门红茶）制作技艺、乌龙茶（铁观音、武夷岩茶）制作技艺、普洱茶（贡茶、大益茶）制作技艺、黑茶（千两茶、茯砖茶、下关沱茶）制作技艺、白茶制作技艺等。这些制茶技艺都是传承百年以上的茶人经验和心血的结晶，通过这些技艺可以品到自古飘来的一脉茶香。与茶道相关的径山茶宴也列入第三批国家级非物质文化遗产，作为中国禅门清规和茶会礼仪结合的典范成为日本茶道的源泉。

其他与茶相关的遗存有江苏宜兴紫砂、江西景德镇陶瓷等；茶路沿途古城、古镇、古村落有云南西双版纳州的易武古村落、大理的巍山古镇、香格里拉的独克宗古城、湖北襄阳古城、河南赊店古镇、洛阳古城等；因茶而名的天下名泉有名列天下第一名泉的镇江金山寺冷泉、杭州虎跑泉、无锡惠山泉、庐山谷帘泉等；与茶道和佛教相关的有普陀山禅茶、赵州禅茶等。

研究上述种种与茶相关的历史文化遗存分布可以发现，它们大部分与我国的热点旅游区域相重合，为开展茶文化主题旅游奠定了基础。

3. 茶文化旅游定位

茶文化的特点决定了茶文化旅游的特点。茶文化的核心和灵魂是茶道。中国人视"道"为体系完整的思想学说，是宇宙、人生的法则、规律，是通向人生彻悟之路。所以，中国人不轻易言道。在中国饮食、艺术等诸活动中能升华为"道"的只有茶道。因为茶的"道性"，以及茶对禅寺具有供奉品、待客和醒神的作用，茶与禅自古就结下了不解之缘，形成了"茶禅一味"、"茶禅不二"的思想，茶与禅殊途而同归，直指人心，明心见性。形成了茶助禅修，禅助茶向道的关系。由此可以得出结论，茶文化旅游必然与艺术、哲学、宗教等紧密联系，与注重个人修养、修行、修炼的内心灵性生活追求紧密联系。在旅游行为模式中，必然体现出休闲、生态、养生、生命体验等以静、雅、从容的特点。上车睡觉、下车照相式的观光旅游，即使参观的是茶园，喝的是最上等的茶，也算不上茶文化旅游。

茶文化旅游的上述特点说明它属于高端旅游，一般情况下适合中年以上经济较为富裕、时间较为充裕、文化修养较高的旅游者。

根据茶文化旅游的定位，开展茶文化旅游又可以区分为两种类型。其一，在茶文化旅游资源丰富的地区，如福建武夷山、四川蒙顶山、西双版纳的古六大茶山、杭州等可以设计以茶文化为主线的主题旅游活动。以茶文化作为这些地区旅游的核心要素和灵魂，统筹区内各种旅游资源。其二，在茶文化旅游资源分散的区域，可以设计茶文化旅游精品，如茶文化主题酒店、禅茶修行中心等，作为其他主题旅游的补充和提升，如作为游客晚上活动的茶宴、茶道学习、表演、修行、养生等。即宜主则主、宜辅则辅、主辅结合的茶文化旅游规划与实践原则。

茶文化利用得好，可以大大提升传统旅游资源的品位。杭州法云安曼酒店是一间高档次的休闲度假酒店，隶属于安曼酒店集团。酒店利用杭州灵隐景区飞来峰山谷中的有百多年历史的古村落改造而成。酒店硬件可以称得上美轮美奂。若能将龙井茶和灵隐寺禅修文化结合到酒店设计与运营考虑中，就为酒店树立了文化主题，能够增加酒店的文化品位和长久的吸引力（当然安曼酒店系统有自己的酒店文化和运营理念，只是为其或有意或无意忽视了杭州茶与禅的丰富资源与文化而稍感遗憾。）

4. 茶文化旅游的主力消费人群分析

包括茶文化旅游在内的高端文化旅游的主流消费者，笔者将其定义称为"77-88族"，是指从1977年开始到1988年止进入大学学习的知识分子（根据国家统计年鉴数据推算，从1977~1988年，中国累计入学的大学生为528.6万人）。之所以将"77-88族"作为高端文化旅游的主流消费者，首先是因为高端文化旅游需要有较高的文化素养，需要理解、欣赏甚至参与创造文化；其次需要较强的经济实力作为消费的保障；再次需要有充裕的自由支配时间。"77-88族"大致处于60岁到40岁区间，是已经进入或陆续进入退休生活的群体。经过改革开放30多年市场经济的发展，他们中的不少人成为富裕阶层。他们完全具备了"有钱、有闲、有文化"的"三有"条件，将成为新中国第一代追求后工业化社会生活方式，尝试远离工业化和城市喧嚣的群体，他们也将主导着中国未来生活方式变革的前沿。安闲养生、修身养性、身行入道。按照最经典、最合乎天地自然规律和最人性化的方式，实现"知天命"、"耳顺"和"从心所欲不逾矩"的日常生活。由此而生清净之心，渐入归真之道，与万物相和合，与天地同消息，"不知有汉，无论魏晋"。这正好符合高端茶文化旅游的定位，或者说高端茶文化旅游正好满足了"77-88族"今后20~30年内的生活和精神需求。

2011年胡润研究院发布了首份中国富豪乐退报告。《胡润乐退报告》发现，中国乐退富豪开始花更多时间旅游，更加重视社会公益。他们乐退生活最关注的是"旅游、健康（运动、品茶等）、教育、收藏、投资、慈善"。这一报告正是上述"77-88族"作为茶文化旅游主流消费者的佐证。

相关研究表明，中国千万元以上富裕人群超过百万人。其中具有大学以上学历的占60%以上，出生在20世纪50年代和60年代（即77-88族）的人占60%以上。由此可大致推算出具有潜在茶文化旅游消费能力的"77-88族"人数在35万人以上，算上配偶总共可超过70万人，足以支撑高端茶文化主题旅游市场的发展空间。

5. 茶文化旅游现状评价

通过对"77-88族"生活需求的分析，我们看到高端茶文化旅游有着巨大的市场需求，但在市场供给方面却严重不足。首先是理论研究不够。茶文化旅游的理论研究与实践

图3 江苏宜兴紫砂古窑（高云飞 摄）

图4 西双版纳茶马古道遗存（施阳 摄）

图5 杭州的中国茶叶博物馆（施阳 摄）

的层次、高度和深度端赖于茶文化研究的层次、高度和深度。与其他主流文化如琴棋书画的研究相比，茶文化在国家重视程度、投入资源和支持力度上都严重不足。人们常说，开门七件事：柴、米、油、盐、酱、醋、茶；文人七件宝：琴、棋、书、画、诗、酒、茶。从这两句大家耳熟能详的口头禅中就不难发现，无论在下里巴人的日常世俗生活中，还是在文人雅士的阳春白雪中，茶都是排在最末位，是最先可以忽略的一环，是生活的点缀品。再比如，全国高校中许多学校都有琴棋书画诗的专门研究机构，但茶文化除了农业类大学外很少有高校设立专门的机构进行学术研究。茶文化旅游的研究就更是凤毛麟角了，全国仅有几所旅游类职业学校开设了茶文化旅游课程，相关专著、研究论文几乎找不到。

从理论研究的窘况基本上可以反映出茶文化旅游实践的苍白。目前茶文化旅游的现实基本是零散、低层次、急功近利和居于次要角色的茶文化搭台，招商唱戏的状况。以茶文化旅游开展得最好的杭州、福建武夷山、云南普洱和西双版纳的情况来看，也莫不是如此。没有将茶文化作为主题与核心来开展文化旅游的。四川蒙顶山是个例外，蒙顶山被称为世

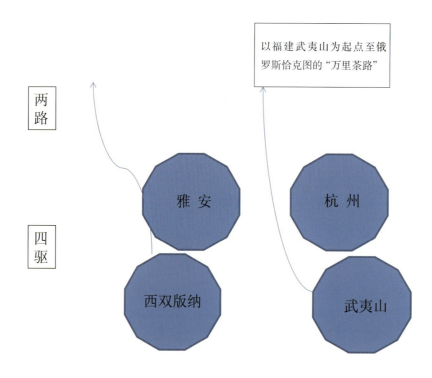

图6 茶文化发展战略布局的"四驱两路"结构分析图

界茶文化发源地。蒙顶山与青城、峨嵋并称蜀中三大名山。以"蒙顶山凉甲天下,蒙顶旷览绝天下,蒙顶名茶扬天下,蒙顶佛经传天下"而著称。在一定意义上蒙顶山的历史就是一部茶文化史,也是茶与佛教结缘的历史。蒙顶山的旅游完全是围绕茶文化展开的。这一例外情况与蒙顶山的旅游规模和资源状况相关,并不具有普遍意义。

6. 茶文化旅游的战略规划思路

中国茶文化旅游的总体空间战略布局可以归纳为"四驱(区)两路"。

"四驱"即茶文化旅游资源最丰富,中国茶文化的源泉之地,包括以武夷山为中心的乌龙茶文化区、以杭州为中心的西湖龙井茶文化区、以西双版纳为中心的普洱茶文化区和以四川雅安蒙顶山为中心的绿茶(贡茶)文化区。这四个区域可以看成是中国茶文化发展的动力源泉,因此称之为"四驱"。

"两路"即闻名世界的两条茶叶和茶文化之路,一是穿越横断山脉,由滇藏川马帮开创的自滇西南和四川西部到西藏高原一直延伸到尼泊尔和印度的茶马古道;另一条是由晋商开创的自东南沿海的福建武夷山开始自南向北穿越整个中国中部,越过茫茫蒙古草原和沙漠到俄罗斯边境城市恰克图,并延伸到莫斯科、圣彼得堡直至欧洲的万里茶路。

"四驱"几乎集中了中国所有的茶文化历史遗存种类和优质资源。首先是中国最优质的产茶和制茶区域,其次是茶文化的发源地和传播中心,再次是"两路"的起点和母体。最后,这四处的自然景观在中国也属于上乘。这就决定了"四驱"是中国茶文化旅游的核心发展区域。应该规划为高端茶文化主题旅游的中心,建设综合、全面、高端并具有强大辐射力和集散力的茶文化旅游服务设施和服务系统。应该将茶文化作为这四个区域开展文化旅游的主轴与灵魂,从茶文化旅游的视角统筹全区的旅游,以茶道为战略工具将"四驱"打造成中国休闲养生、修行悟道、返璞归真、回归自然的天堂。

图7 滇藏茶马古道上雪中马帮队伍(施阳 摄)

"两路"中的茶马古道是中国茶文化历史遗存的最典型代表,也是中国旅游开发最具潜力和最有挑战性的路线。不管这个世界正在或已经发生了什么,由于不可思议的僻远艰险,茶马古道上有三样东西似乎还在坚韧地存在着:一个是沿途苍茫大地、山川湖泊、蓝天白云;一个是与藏民族生命生活融为一体的宗教;一个是藏民的善良、纯朴和美好。这三者又仿佛是三位一体,互相成就了彼此。这是一条文化路、生态路、探险路、人生体验路、自然风景称得上最壮丽最动人的路。茶马古道上的这些人类最可宝贵的资源有待于我们从各个角度去研究、体验和参悟,更有必要从茶文化的角度参与这条线路的研究、保护和开发。

"两路"中的万里茶路是一条堙没已久的古商路,是一段曾辉煌过的国际商业传奇。清代到民国初年长达两个多世纪时光里,晋商用自己的智慧和汗水,把商业触角伸向俄罗斯,跨越区域之大、经营时间之久,世所罕见。通过这条茶路,中国运销俄罗斯及欧洲的茶叶超过25万吨,价值至少100万两黄金。茶路跨越中国九省市,晋商用庞大商事拉动茶路沿途经济,用强大财力支撑和繁荣沿途市场,推动城镇的快速扩张,如河南赊店古镇从一个小村落发展到13万人口的大城镇。万里茶路沿途的重要市镇无不留下古色古香的晋商会馆,这些古建筑既是儒商文化的沉淀和结晶,也是茶文化的余香和余脉,可以进行保护性开发,比如开发成特色驿站作为万里茶路茶文化旅游的立足点。2010年太原市政府牵头的"茶路之旅"旅游联盟成立,准备联合茶路沿途20多个城市打造"茶路之旅"国际旅游线路。这种由政府推动的没有战略眼光和手段,缺少深度和内涵的应景之事,注定是不会成功的,至多开展一条观光旅游的新线路而已。

"两路"是中国茶文化光耀于世界的路,在"两路"沿途结合当地人文、自然、宗教等要素,可以建设驿站、精舍、游学中心、禅修中心、书院等设施,通过旅游将"四驱"的茶道文化传向四方。

如此规划就使中国茶文化旅游有了清晰的根基和发展脉络。

"四驱两路"的格局只是从战略的角度对茶文化旅游格局的思考。具体四个区域及两

图8 万里茶路上因茶而盛的河南赊店古镇山陕会馆（刘志波 摄）

条茶路的资源和旅游规划，需要在大量调查研究的基础上，由专业机构来执行，本文不作具体探讨。

7. 茶文化旅游的战略入手点——茶文化主题精品连锁酒店

高端茶文化旅游产业成熟需要经过一个长期的过程。首先是国家旅游主管机构需要从战略的高度进行深入的研究和规划。从产业的层面，开展高端茶文化旅游可以借助某种经济机制或战略工具和平台网络，建设全国连锁的、以茶文化为主题的、以古镇、古村落和古建筑为特色的，融茶道、中国传统文化、禅修等为一体的精品酒店和服务系统。这是目前最为经济可行的战略入手点，既可保证投资的回报，又可以在全国进行高端茶文化旅游布局和梳理旅游和文化资源，更可以为茶文化旅游向更深更高的方向拓展探索经验。从社会的角度而言，这一系统因为契合了"77-88族"或"乐退一族"的后职业生活方式，从某种意义上说是解决社会问题的高端养老系统。

8. 茶文化旅游的战略工具——茶文化旅游产业基金

旅游产业应该是全国一体的，但旅游资源和服务主体却是分散和零散的。这一矛盾是目前旅游产业中种种问题的根源所在。开展茶文化旅游不能很好地解决这一根本矛盾，没有有效的战略工具和手段来平衡各种利益，是注定不能成功的，这就是笔者认为以太原市政府为主的"茶路之旅"旅游联盟不会成功的原因。

解决旅游业的条块分割矛盾必须构筑一个旅游利益共同体。拥有旅游要素的各地政府、旅行社、酒店集团甚至佛教寺院在内的各利益主体以资源、资金、专业能力等要素构筑一个利益综合体，由共同体负责推进旅游开发，各主体按投入要素的多少分享旅游产业利益。这种利益共同体就是日渐成熟的产业基金，设立产业基金作为开发旅游的战略融资工具和投资操作平台，各利益主体以要素作为对基金的出资，基金由专业管理机构管理。这种机制在国内已经得到很好的尝试与发展，

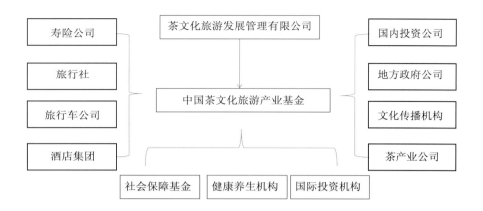

图9 中国茶文化产业基金结构简图

完全可以用于茶文化旅游产业中特别是用于战略入手点即茶文化主题连锁精品酒店系统的操作实践中。

中国茶文化产业基金构想：

图9中茶文化旅游产业基金为有限合伙，其左右下三部分是有限合伙人，以现金、要素资源等对产业基金出资，承担有限责任。

茶文化旅游产业基金交由茶文化旅游发展管理有限公司管理，该公司为产业基金的无限合伙人，负有无限责任。按国内一般惯例，无限合伙人对基金出资1%，基金收益达到合伙人协议规定的收益水平，可以分享一定比例的基金投资收益。管理公司合伙人则由投资经验丰富的专业人员组成，对产业基金实施专业管理。

产业基金设计得好，投资项目收益高，则在较短的时间内可以募集到数十亿资金，迅速推动茶文化旅游项目的开发，打破地域局限和资金规模限制，高起点全面长远地布局和实施茶文化旅游战略。

参考文献：

[1] 常士宣、常崇娟. 万里茶路话常家[M]. 太原：山西经济出版社，2009.

[2] 李旭. 茶马古道[M]. 北京：新星出版社，2005.

[3] 郑剑顺. 茶文化旅游设计[M]. 厦门：厦门大学出版社，2011.

创意农业 *Creative Agriculture*

Community Supported Agriculture around the World

世界范围内的社区支持农业

文/石 嫣 程存旺

【摘 要】

随着经济发展，中产阶级消费人群数量日渐庞大，对生态环境和食品安全的需求与主流农业生产和食物体系之间存在矛盾。日益频发的食品安全事故加剧了中产消费群体对食品安全的担忧，对工业化食品体系和全球化食品供应系统的不信任，对城市化的反思以及乡村重建（rural reconstruction）思潮的兴起，这些因素成为世界范围内替代食物体系形成的背景和发展的动因。同时这些模式又与国际上关于食品安全、生态环境保护、农村区域发展的社会运动紧密相连，并且深刻影响了一些国家和地区的农业政策。

【关键词】

乡村重建；社区支持农业；中产阶级；可持续农业

【作者简介】

石　嫣　清华大学人文社科学院社会学系博士后，研究方向：农村发展、可持续农业

程存旺　中国人民大学可持续发展高等研究院在读博士，研究方向：可持续发展、公平贸易

世界范围内的社区支持农业

图片来源：石嫣 提供　　　　　图1 美国乡村的有机小市集

1. CSA兴起的国际背景

欧、美、日等发达国家和地区在追求工业化和城市化发展进程中都普遍经历了严重的环境污染和食品安全问题频发的历史阶段。日本于1980年代在发达国家中率先重视并转向支持生态农业，欧美于1990年代开始限制化学农业，转而支持生态农业发展。另一方面，工业化和城市化拉动经济发展，进而形成了规模庞大的中等收入群体，社会主体需求转向高质量的生态环境和食品，直接带动了生态农产品市场的发展。CSA是此过程中逐渐涌现的诸多有利于生态农业发展的运作模式之一。

替代农产品体系（Alternative Agri-food networks，简称AAFNs）或者替代食物网络体系（Alternative Food Networks，简称AFNs）代表着一种对食物生产、流通和消费的空间重构（respatialize）和社会属性重构（resocialize）的努力。替代食物网络体系一方面与主流食物体系在生产方式上有所区别，主要包括有机农业、自然农业、生物动力农业、永续农业等；另一方面在流通环节有所区别，主要包括社区支持农业（Community Supported Agriculture，简称CSA）、农夫市场（Farmers' Market）、消费者合作社（Co-ops）、观光农业（Agri-tourism），强调从生产到餐桌的整个环节生态化和短链化。

随着经济发展，中产阶级消费人群数量日渐庞大，对生态环境和食品安全的需求与主流农业生产和食物体系之间存在矛盾。日益频发的食品安全事故加剧了中产消费群体对食品安全的担忧，对工业化食品体系和全球化食品供应系统的不信任，对城市化的反思以及乡村重建（rural reconstruction）思潮的兴起这些因素成为世界范围内替代食物体系形成的背景和发展的动因。同时这些模式又与国际上关于食品安全、生态环境保护、农村区域发展的社会运动紧密相连，并且深刻影响了一些国家和地区的农业政策。欧盟的共同农业政策、日本的综合农协、中国台湾地区的农会都借鉴了AFNs模式强调的生态性、社会性、本土性等原则。

CSA 是Community Supported Agriculture 的缩写，中文译作社区（社群）支持农业，在英文里的这个表达具有社区与农业互助的含义。社区支持型农业中的"社区"，与我国城乡中的居民委员会、村民委员会等行政区域所表达的概念不同。对于社区的含义，Hillery GA（1955）指出在生态学意义上，社区是一群互动的有机体，共同分享同一个居住环境。在人类社区中，意愿、资源、偏好、需求、风险以及其他的一些条件都是相同的，影响参与者的个体认知以及凝聚力。从社会学上来看，社区的概念有很多讨论，一般来看，至少可以从地理要素（区域）、经济要素（经济生活）、社会要素（社会交往）以及社会心理要素（共同纽带中的认同意识和相同价值观念）的结合上来把握社区这一概念，即把社区视为生活在同一地理区域内、具有共同意识和共同利益的社会群体。到1950年代中期，大约有94个对于社区的不同定义。在社区支持农业的范畴内，笔者通过在美国的调查发现，大多数目前从事CSA的生产者都认为社区的含义是在一定的地理区域内，具有相同理念的一群人的组合。CSA中的社区即是那些愿意支持健康的耕作方式的消费者。

社区所要支持的农业具有健康、安全、环保的生产过程和本地化生产等特点，CSA要求消费者和生产者之间建立共担风险、共享收益、公平互信（如定价、保证有机种植）的关系。

CSA最初的出现是由于市民对食品安全的关心和城市化过程中对土地的关注。因为有着环境方面惨痛的代价，1971年在日本，一群家庭主妇开始关心化肥和农药对于食物的污染，此外，加工和进口食品越来越多，而本地新鲜的农产品却越来越少。于是，她们开始主动寻找有机农产品的生产者并与其达成协议，规定生产者按照有机的方式生产，这群家庭主妇则预先支付高于一般农产品价格的货款，这种方式叫做Teikei，是共识或一起合作的意思，希望创造一个替代销售系统，而不是依赖传统市场。为实践这个原则，生产者与消费者会直接地对话与接触，加深互相的了解，双方都要提供人员及资金支持本身的运输系统(JOAA, 1993)。Teikei最初的宣传口号是"在蔬菜上看到农夫的脸"。随着生态环保理念的传递，1986年在马萨诸塞州建立了美国第一个CSA农场（Henderson&Van En, 2007），如今的美国已经有近3900家农场采用这种模式（localharvest.org），其核心理念是建立生产者和消费者的直接联系，减少中间环节，让消费者了解生产者，同时双方共担农业生产中的风险，共享健康生产给双方带来的收益。罗宾·范·恩总结它为"食品生产者+食品消费者+每一年度的彼此承诺=CSA和无数的可能性"。这个相互承诺的关系的精华在于：农场养育了人；人支持农场并分担内在的风险和潜在的收益。目前，CSA已经在欧洲、美洲、大洋洲及亚洲广泛开展，大众对其认知和接受程度越来越高。CSA背后所蕴含的理念是建立起本地化的有机农业与有机食品体系，以达到本地的生产者和消费者共同保障本地食品安全与社会、经济和自然环境可持续发展的目的。由于每个社区都有各自不同的特点，而农业影响因素和生产条件又千差万别，因此CSA没有一个固定的模式。

社区支持农业在世界范围内广泛兴起，虽然其核心理念和兴起的背景是相似的，但由于各国的农业形态不同而模式有所区分。世界范围内的农业形态应该可以划分为三种：第一种是以前殖民地国家，如美国、加拿大、澳大利亚等为代表的大型农场国家，因其彻底殖民化造成资源空前广大的客观条件而得以实现农业规模化和工业化，对应的则是资

图2 北京有机农夫市集一景（马小超 摄）

本化和产业化的农业政策。第二种是前殖民主义宗主国的中小农场农业，如欧盟国家，因欧洲人口增长绝对值大于移出人口绝对值而致使资源愈益有限，只能实现农业资本化与生态化相结合，并且60%的农场由兼业化中产阶级市民经营，遂导致一方面其农业普遍没有自由市场体制下的竞争力，另一方面与农业生态化高度相关的绿色社会运动从欧洲兴起。三是未被彻底殖民化的以原住民为主的东亚传统小农经济国家（日韩为代表）的农户经济，因人地关系高度紧张而唯有在国家战略目标之下的政府介入甚至干预——通过对农村人口全覆盖的普惠制的综合性合作社体系来实现社会资源资本化，才能维持三农的稳定。因此，CSA这种需要高度信任与合作文化的模式在日本率先萌发，主要得益于综合农协形成了易于合作的农村组织结构；欧盟的市民农业得益于市民社会成熟发展过程中形成的诸多非政府组织（NGO），作为中介，这些组织起到了联结城乡，联结市民与农民，联结消费和生产的作用；美国是大农场国家，其农业政策有利于大公司运作大农场以获取规模效益，而不利于小型家庭农场的发展，因此CSA的形成和发展较晚。

图3 提携系统运作模式示意图

图4 日本新潟燕三条乡村景观（吴必虎 摄）

2. CSA在发达国家的发展现状

社区支持支持农业模式最早于1970年代出现于日本，当时一些日本的消费者群体主动与生产有剩余的农户结合起来，并且彼此共担农业生产的风险。与此同时，在欧洲的德国和瑞士等国家也出现与此类似的形式。1985年底，美国的第一个CSA农场开始筹备，于1986年开始运作。

在美国，社区支持农业模式的主要形态是由农场和消费者直接对接，其中约20%是由消费者主动发起的CSA，由消费者组织起来寻找愿意参与的农户；另外一种就是由农户采用CSA的模式运营，进而招募消费者参与。大部分CSA农场的消费者不需要参与农场的劳动，但需要提前预付一年的费用，并与农场共担风险；在另一些CSA农场中，消费者和农民的关系非常紧密，二者都是CSA农场的理事或者股东，一些农场的消费者几乎都需要参与农场劳动、管理和行政方面的工作。

美国的CSA发轫于20世纪80年代，迄今约有5000家CSA农场，二百多万户美国家庭成为CSA会员，其中又以白人中产阶级家庭居多。而底层人群则主要依靠工业化和化学化的低廉食品体系维持生存需求，导致肥胖和糖尿病等与食品安全高度相关的疾病发病率在底层人群畸高，致使美国国民平均预期寿命在环境不断改善的情况下呈现下降趋势。除CSA之外，COOP、农夫市集等替代食物网络体系（AFNs）也在美国有了长足的发展。据统计，美国有3000多家农夫市集，与CSA相互配合发展的非政府组织（NGO）开始涌现，如纽约市长岛的Just Food，该组织的工作任务是介绍纽约市民加入就近的CSA，甚至还演化出旨在促进本地社区繁荣的社区货币（Local Currency）。

Teikei于1970年代在日本出现，早期有机食品的销售几乎完全通过Teikei系统（Teikei box），从生产者直接到消费者的直销形式体现了生产者与消费者相互扶持的原则；截至2001年，55%的有机食品仍然经由Teikei系统直销；日本的综合农协、消费者合作社（主妇联盟）等组织有力促进了Teikei的发展。综合农协或农会是日本、韩国等东亚小农国家农村基层组织的主要形式，通过综合

图片来源：石嫣 提供　　　　图5 小毛驴市民农园劳动份额的一家人

图6 石嫣目前的新项目分享收获CSA团队在田间劳动的照片（郭小婷 摄）

农协一方面联通市场，另一方面连接农户的结构，将生态农产品市场发展和农村社区发展紧密联合，因此成为东亚小农国家发展生态农业和农村经济的有效模式。

在欧洲，瑞士于1970年代成立了类似日本Teikei的农民—市民联合组织，莱斯贾迪斯德科卡涅（Les Jardins de Cocagne）。德国于1986年建立了"托柯楠堡"（Topinambour），这是在苏黎世附近的第一个为成员提供蔬菜的集体农场。1990年代遍及英国的小型有机农场建立了"箱式计划"（Box Schemes），农场给预订服务的人们提供常规的箱装产品。丹麦西部的巴里特斯考农场于1999年开始为100个家庭配送份额，组织方式叫做Aarstiderne，一个以网络为基础的有机食品配送服务，到2004年已经增长到44000个顾客。在意大利，人们把CSA叫做GAS，1994年建立了第一个GAS，1996年成立了GAS的全国性组织，目前超过600家GAS。葡萄牙将CSA称为Reciproco，其国内有52个乡村行动组织帮助农民与市民建立CSA关系。法国将CSA称为AMAP，第一家AMAP农场于2001年建立，40位份额成员；2001年5月，创建"联合普罗旺斯"（Alliance Provence），帮助其他农场形成AMAP的组织；2004年，该地区有将近100个AMAP，他们重新构建六个地理区域分支，每个区域由一些有经验的AMAP农民和一个活跃的消费者组成，2006年参与的农场数量就达到了300个；现在法国成立了一个全国性的、由农民—生态学家—消费者组成的联盟（Alliance of Peasants-Ecologists-Consumers），支持AMAP的发展。

AMAP要求消费者提前支付，在经济和道德上与生产者共担风险；生产者则需要遵循有机农业耕作模式，致力于保证农场经济，生产方式和产品源的透明性。通过本土的农民与消费者的合作关系，AMAP促进城乡之间的社会性对话，并促进娱乐和生产性的活动协调与农业空间多元利用的共存。

英国的土壤学会研究结论认为CSA对农民和消费者都好处多多，"消费者可以从有限的资源中得到新鲜的食物，拥有机会重新和土地联系并影响他们生活的土地的面貌。CSA传递了环境的收益，如较少的食物里程、较少的包装和生态敏感的耕作，并且看到了本地各具特色的食品生产的回归和地区食品生产及更高的就业率，更多的本土加工、本地消费和在社区中的金钱流通以促进当地的经济。"

3. CSA及相关模式在中国的发展现状

在中国，日益频发的食品安全问题可部分归因于城乡二元体制下资金、劳动力和土地等三大生产要素从农村流向城市，生产要素在城乡之间的流量不对等势必导致三农问题，进而诱发农业污染和食品安全问题。而随着中国经济发展，中等收入群体不断扩大，无论是中国社科院,还是世界银行的估计,中国的中等收入群体的规模都超过2亿,约占总人口的23%。北京、上海等一线城市中等收入群体的占比达到40%。庞大的中等收入人群在食品安全问题面前转向生态农产品是一个具有普遍性的客观现象。社区支持农业在此大背景下涌现发展。

2000年以来,中国的食品安全事件逐渐爆发,三聚氰胺奶粉和地沟油等恶性食品安全事故的曝光使得越来越多的人开始自寻解决的办法。温铁军、何慧丽等学者2006年发起的"购米包地"和2007年发起的"国仁城乡互助合作社"都是社区支持农业的雏形。与此同时,香港社区伙伴(PCD)和其他一些社会组织开始也在国内推动小农户做生态农业,其中包括:成都河流研究会从2007年开始以治理农业面源污染为出发点,号召四川成都郫县安龙村村民转变化学农业种植方式为生态农业,几经波折形成了9户农民参与的生态农业种植小组,并以CSA的模式销售农产品;广西横县、贵州流芳村等地也在NGO项目经费的支持下开始转向生态种植模式。2008年,小毛驴市民农园以社区支持农业"风险共担、收益共享"为核心理念,对外招募消费者份额成员,所有成员预付份额费用,并与农场共同承担风险,农场根据当地应季产出定期给配送份额成员配送蔬菜产出,劳动份额成员则因为自己的劳动投入而收获健康的蔬菜,由此形成农场参与式保障系统,并在短时间内吸引了社会的广泛关注。

目前,体现"风险共担、收益共享"理念的替代食物体系网络正在中国迅速展开。据小毛驴市民农园不完全统计,迄今为止在北京、上海、广东、广西、重庆、四川、福建、辽宁、山西、山东、陕西、浙江、湖南、湖北、内蒙古、河南、河北、云南、贵州等地出现了80多家CSA;此外,还有非政府组织(NGO)、企业等发起的有机农夫市集,市民组成的消费者组织等其他相关形式,构成了中国的替代性农业与食物网络。农夫市集逐渐被公众所认识,并通过媒体迅速发展,如北京有机农夫市集、上海侬好农夫市集、南京原品农夫市集、常州大水牛有机农夫市集、广州有机农夫市集、成都有机农夫市集。消费者组织也正在以独特的方式形成组织并发展壮大,如北京市民有机考察组、北京消费者面对面、苏锡常健康消费考察组等。

对这80多家CSA农场按发起者身份进行分类,可分为:①由小农及合作社作为生产主体的CSA,如国仁绿色联盟、河北安金磊、成都郫县安龙村、北京大兴活力有机菜园、山东济南我家菜园、河南兰考南马庄、贵州流芳村、广西横县南塘合作社与三叉合作社,小农发起CSA模式的优势在于不需要支付土地租金和过高的劳动力成本而实现低成本的有机农业,劣势在于缺乏资金及社会资本,不利于构建城市直销渠道;②由市民个体或者合伙作为生产主体发起的CSA,如重庆合初人,北京天福园、德润屋、芳嘉园、圣林,厦门土笆笆等,在全国诸多CSA农场中占绝大部分,主要集中在一、二线经济发达的城市,市民凭借丰富的城市社会资本有利于构建CSA关系,投资生态农业有利于农村社区的可持续发展和农民增收;③由高校、科研院所等官方机构发起的,带有试验性质的CSA,如北京小毛驴市民农园和常州大水牛市民农园,尽管数量较少,但是借助高校社会资源形成了广泛的社会影响,并通过媒体、培训班、会议等多种形式推广CSA;④由NGO发起的CSA,如上海生耕农社,尽管完全由NGO发起并操作的CSA案例还不多见,但是NGO在CSA发起和运作过程中发挥重要作用的CSA案例却为数不少,如自然之友河南小组参与河南郑州大草帽市民农园,成都河流研究会参与安龙村CSA,PCD参与包括小毛驴市民农园在内的广东、贵州、北京的多家CSA,NGO的经费和社会关系都对CSA运作起到积极作用;⑤由餐厅与有机小农或农场直接联系的CSA,如杭州龙井草堂、柳州爱农会、北京"吃素的"餐厅等,餐厅凭借强大的购买力支持有机小农和农场的生产,成功树立品牌的农场也可择机参与有机餐厅运作;⑥由政府发起的CSA,如浙江丽水市遂昌县在本地范围内发起的,由小农和市民直接对接的CSA。

CSA的发展伴随着资金和劳动力流入农村与农业,并且流入有利于生态农业、环保农村发展的领域,从此方面衡量,CSA对于中国农业面源污染问题和统筹城乡具有积极的正外部性。

图片来源:石嫣 提供

图7 小毛驴市民农园的配送份额

Leisure Agriculture Development in Japan

日本休闲农业发展

文/陈奕捷

【摘 要】

自20世纪70年代开始,伴随着农业实现现代化,日本农业产业职能发生历史性转变。由于体验经济的兴起,休闲农业在日本得到迅速发展。日本休闲农业具有内容丰富、主体责任明确、法制健全以及科学开发有序发展等特点,在休闲农业正在快速起步发展的中国,其成功经验具有很强的借鉴意义。

【关键词】

日本;中国;休闲农业;启示

【作者简介】

陈奕捷　北京市农村经济研究中心资源区划处副处长,北京观光休闲农业行业协会副秘书长

注:本文图片全部由作者提供

图1 小岩井农场

休闲农业是在开发都市农业新功能的新思维下产生的新产业。根据日本农林水产省网站上关于都市农业的解说，在日本，都市农业的功能包括：①提供新鲜、安全的农产品；②提供近在身边的农业体验场所，促进市民对农业的理解；③提供开放空间，供灾害期间紧急避难；④提供舒缓的绿地空间。显而易见，都市农业，即是"生产+生态+生活"的综合性、多功能农业。这种新思维恰好也迎合了工业化时代都市人回归田园、触摸泥土的需求。

1. 日本休闲农业发展历程

1.1 1970年代：农业转型，初具规模

20世纪70年代以来，工业和服务业在日本国民经济中的地位日益增强，农业在国民经济中的地位则急剧下降：1947~1998年，日本农业产值占国民总产值的比重从38.8%下降到1.9%。由此，农业对整个国民经济的主要贡献，除产品贡献依然存在之外，其他如要素贡献、市场贡献以及外汇贡献等职能日趋减弱，日本农业面临效益下降及产业职能转变的难题。为促使日本农业转型升级，调整经营结构，农林水产省（相当于我国的农业部）开始转变思路，致力于推动农业生产向观光旅游方面发展。于是，日本农村地区开始出现了相对规模化、专业化的"农村观光"经营场所，例如专业农庄、农家果园等，大量城市居民开始走向乡村度假。

1.2 1980年代：泡沫经济，畸形繁荣

20世纪80年代，日本进入泡沫经济时期，各地出现了利用民间资本大规模开发乡村度假村和进行农村旅游建设的热潮，一大批可以容纳500~1000人的大型休闲度假村相继建成，如北海道的"农业综合休养地"、长崎县的农业主题公园"荷兰村"、熊本县的"老年农村公寓"等。

1.3 1990年代：调整巩固，规范成型

20世纪90年代初，泡沫经济破灭，日本经济出现大倒退，大型度假村项目使很多投资人背上了沉重的负担。农林水产省官员专门到欧洲的德国、英国、瑞士、荷兰等国考察学习，转向基于农村文化、农业资源的小型休闲项目，追求返璞归真，回归生机盎然的自然与文化。20世纪初起源于德国的"市民农园"引起了日本政府的关注。这是一种利用城郊地区级差地租极高的土地，兴建为由市民参与耕种和管理的农园。农林水产省考察团返国后积极推动立法工作，在1990年9月颁布了《市民农园整备促进法》，规定市民农园的农地可以租借，借地期限一次可达5年，并对租借期内的租金、地上物及设备、所有权、使

用权、继承权等问题做出了详细规定。截至2010年3月，日本全国有市民农园3596个，其中2829个分布在城市地区。

除此之外，日本政府还对《农业基本法》进行了重新审视及评价，于1992年颁布了面向21世纪的"新政策"，将"绿色观光"（日本对休闲农业与乡村旅游的统称）列为促进农村地区发展和提高农民收入水平的重要途径。1995年4月，开始实施《农山渔村旅宿型休闲活动促进法》，规定了"促进农村旅宿型休闲活动功能健全化措施"和"实现农林渔业体验民宿行业健康发展措施"，政府开始大力推动农村观光体制、景点和设施建设，规范"农家乐"、"民俗旅游村"的发展与经营。"农家乐"在日本被称为"民宿"，一般提供日式住宿和用餐，被誉为接触当地日本家庭、体验传统日本生活的最佳途径。

1.4 21世纪初：城乡交流，重获活力

1999年，日本将实施了30多年的《农业基本法》修改为《食料、农业、农村基本法》，倡导农业的多种功能，包括：国土保安、水源涵养、自然环境保护、良好景观形成及文化传承等非生产性新价值。该法第三十六条规定："国民对农业以及农村的理解和关心日益加深，追求健康而悠闲的生活，对此，国家积极推进都市与农村的交流，推进市民农园及其他必要设施的建设"。2000年，农林水产省制订了《食料、农业、农村基本计划》，在有关农村振兴的措施中，将"都市和农村交流"定为重要项目。该计划指出：以农产品产地直销为先导，在农村停留型的休闲活动（绿色旅游）带动农村体验活动开展，进而促进接待场地、设施的完善，增进城乡交流。

至此，日本"绿色旅游"成为促进城乡交流、促进农村发展的基本形式，其发展得到了法律的确认与保护。经历了三十多年一系列社会经济波折的冲击，日本休闲农业在"三农"（农业、农村、农民）与"三生"（生产、生态、生活）的大融合中呈现出多元化、专业化、社会化、精品化的特点，成为促进农村社会、经济发展的有效途径，在都市农业的发展中扮演着独特而重要的角色，实现了重生。

2. 日本休闲农场典型：小岩井农场

岩手县小岩井农场是日本最早的休闲农业场所。这是一个具有120年悠久历史的综合性大农场，源自明治维新时期日本政府在本州东北地区的铁路建设。当时的铁路会社与三菱公司联合在铁路经过的岩手县开垦了5万亩荒地，种植树木、饲养奶牛。自1962年起，农场主结合经营生产项目，规划建设了占地600余亩的观光园区，兴建了动物广场、牧场馆、牛奶馆、农机具展览馆、花圃、体验中心、购物中心等多种观光休闲设施，用富有诗情画意的田园风光、各具特色的设施和完善周到的服务吸引了大量游客，平均每年约有70万游客，获得了可观的经济收入。随着小岩井农场观光农园的发展，日本思古、寻求自然的旅游热开始兴起，休闲农业很快风靡全国。

小岩井农场观光农园主要业务围绕体验、餐饮、购物三大核心展开。体验方面，有基于畜牧业的羊毛贴画、羊毛编织、羊毛纺织、剪羊毛活动，基于农场自然环境的各种观鸟、观星、观虫、观花等专题活动。餐饮方面，农场的餐厅提供鲜奶、奶酪、酸奶、冰激凌等种类繁多的乳制品，鲜美而油嫩的烤羊肉，还有农场生产的牛肉，鸡蛋，奶酪制作的农场面包以及可尽情品尝新鲜牛奶的"makibo自助餐"。购物方面，农场成立有"小岩井农场商品公司"负责农场产品深加工与销售，并专门建有"山麓馆"购物中心，销售农场自制的各种土特产、羊毛纺织品，并与岩手县最有名的百年老号Home Spum纺织品公司合作开设了传统手工羊毛纺织品专卖店。

小岩井农场观光园虽然面积只占全农场的0.12%，但是却创造了整个农场60%的收入。这说明，休闲农业项目只要经营得当，完全可以大大提升传统的种植、养殖业收益。

图2 农场地形图导示

图3 农场广告牌

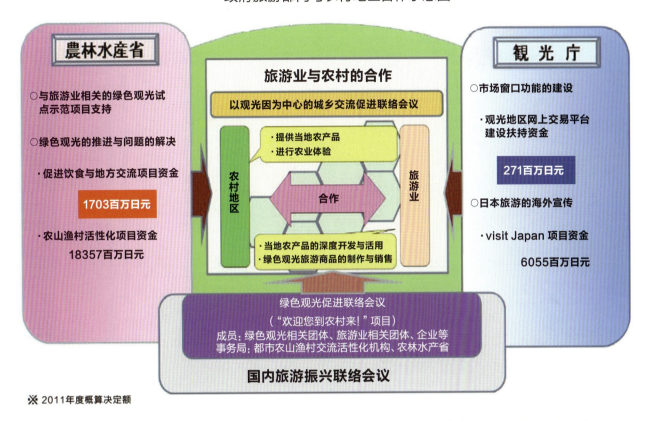

图4 政府旅游部门与农村地区合作示意图

3. 日本休闲农业与乡村旅游发展特点

3.1 政府方面：农旅合作，多方参与

在日本，政府引导在日本观光休闲农业的发展中起到了最基本的推动作用。在政府主导责任上，政府主要担负技术支持、公共设施完善、财政支持以及国际合作等责任。

日本全国休闲农业与乡村旅游的主管机关是国土交通省观光厅（具体部门是观光地域振兴部）和农林水产省（具体部门是农村振兴局及其下属的都市农村交流课）。对于农旅两部门的合作框架，农林水产省官方如下描述：农林水产省与观光厅共同搭建合作框架，在此之下，旅游业从业人员与农村携手合作，通过推广观光农业与乡村旅游的系列措施，满足新兴旅游需求，促进城乡交流，推动地方经济发展。

农林水产省与观光厅（相当于我国的国家旅游局）的具体合作平台是"绿色旅游推进联络会议"（又叫"欢迎到农村来！"项目），该联络会议由休闲农业相关团体、旅游业从业团体与企业等参加，日常事务局由财团法人都市农山渔村交流活性化机构和农林水产省共同担当。都市农山渔村交流活性化机构是农林水产省下属的事业单位，它与农林水产省农村振兴局可以说是农林水产省推进休闲农业发展的左膀右臂。该机构成立于2001年4月，由农渔业体验协会、故乡情报中心、21世纪小区活性化私塾等3个机构合并而成，专门负责实施农业体验民宿登录制度，负责培养农业体验指导员、解说员、经营人才，配合政府推广农业休闲与体验活动，以激活城乡交流和促进农村社会发展为终极目的。

2011财年，农林水产省相关的预算，包括绿色旅游推进课题研究资金、支持农村活性化资金、支持与绿色观光相关的家庭旅馆的资金，共200.6亿日元。这些钱投入到农村，促进本地农产品生产、实施农林渔业体验项目。而观光厅2011年的相关预算是63.26亿日元，主要是搭建市场平台、完善营销窗口，以及进行海外推广。这些钱补贴给旅游行业相关单位，促进本地农产品向旅游商品化发展，推动乡村旅游商品的研发与销售。除了农、旅两部门之外，我们看到，教育部门在推动休闲农业与乡村旅游发展中，也起到了独特的作用。文部科学省（相当于我国的教育部加科技部）与农林水产省密切合作，在全国两万两千所小学校实施"少年儿童下乡村"项目，即小学生在农村住宿修学体验。2011财年，文部科学省计划拿出94.5亿日元支持此项

图5 农场产品展示

图6 餐厅

目,农林水产省则负责选择、推荐适合小学生修学的农村区域和农家旅馆,并且负责提高接待地区的基础设施建设。总务省(相当于我国的国务院办公厅加邮政总局)与环境省(相当于我国的环境保护部)在该项目中也担当着积极配合的角色。可见,在日本,通过休闲农业与乡村旅游进行小学生的素质教育,已经成为一项全国性、制度化的工作。

3.2 民间方面:协会公司,各司其职

日本的农业合作组织组织严密,在农村扮演着举足轻重的角色。1967年,全国农协成立全国农协观光协会。该协会的业务内容包括:区域发展事业(组织市民采摘猫手援农队、支持乡村土特产生产销售)、体验交流事业(组织各种农事体验活动)、宣传活动事业(面向市民主办《交流》杂志,推介城乡交流活动、乡土特产、乡土餐饮、传统工艺品等)、教育文化事业(组织经营管理者培训班、农村观光资源和民俗文化资源的保护与开发)和调查研究事业(城乡交流、休闲农业方面的课题调研)。可见,协会主要是从推动产业发展的角度,进行具体的宣传、研究、培训等公益性工作。

1990年,全国农协观光协会的营业部门分离出去,单独成立农协观光股份公司,全面经营各种旅游业务,包括提供度假相关信息、餐饮住宿业经营、康体设施与观光农园的规划与经营、旅行用品的销售与租赁、外汇兑换、损害保险代理业务、航空运输业务及货物运输业务等。农协观光公司的业务,从农村起步,现在已经发展为位居日本前列的旅行社企业,其在日本的品牌 Ntour,在日本全国有370个支店和JA旅行中心,是日本销售网点最多的旅行公司。

3.3 开发方面:产业融合,地域营销

日本各级政府通过科学规划,建立"区域旅游开发平台",一定区域内的产、学、研机构,将区域内的住宿设施、体验设施、土特产品、农业资源等进行综合开发,然后推向市场(包括旅行社、旅游者、消费者等),以区域内的产业融合来塑造休闲农业与乡村旅游产品,以区域旅游开发为平台实现区域内的产业融合,最后以整个区域的整体营销,实现休闲农业与区域发展的互相促进。在岩手县山区的西和贺町,一条沟域内部的温泉资源、野菜资源、民俗文化资源、森林资源、农业资源被有效地整合起来,成为一个完整的旅游目的地和产业聚集区。

3.4 品位方面:生态理念,文化注入

日本十分重视乡村景观的保存、提升,注重农村地区文化符号的保留。小岩井农场内,都是乡村风格的木屋,大片的草地、树林,弯曲的小道,营造出一派美丽迷人的乡村环境。这种环境本身就构成了旅游吸引物。这种自然景观与生活景观交相辉映后形成的景观对农民来说是极其普通的,它却会给都市人留下深刻的印象。除了美丽迷人的景观外,各种生物共存是农村环境的一大重点,需要创造出清澈见底的小溪,各种昆虫和鸟类纷飞啼叫的环境。完美的生态环境成了检验农村自然环境的清洁程度和那里所产食品的安全程度的指标之一。当然,这种与生物的共生还构成了能够开展各种体验性活动的宝贵观光资源。

此外,日本农村特别注重挖掘与创造农村文化。当地的文化遗产、非物质文化遗产被细心地保存下来,与现代的设计理念相结合,融入在各式各样的乡土特产包装和乡村旅游纪念品开发中,既体现了独一无二的地方魅力,又大幅增加了农产品的附加值,增强了观光休闲农业的活力。

3.5 规制方面:立法先行,规则明确

三十年来,日本以《观光立国推进基本法》、《粮食、农村、农业基本法》为依据,建立了健全的休闲农业与乡村旅游法规体系。

相关的主要法律有：《旅行业法》、《自然环境保护法》、《自然公园法》、《温泉法》、《森林法》、《海岸法》、《岛屿振兴法》、《山村振兴法》、《旅馆业法》、《停车场所法》、《景观法》、《农山渔村余暇法》等，针对特定业态的有《农山渔村旅宿型休闲活动促进法》、《市民农园整备促进法》等。这些法律明确规定了休闲农业与乡村旅游项目审批的程序、审核的标准，并且有较强的可操作性，减少了人为因素对政策实施的影响，使条例的执行和管理顺利通畅，既保证了从事休闲农业与乡村旅游的企业依法经营，又限制了部分人借办休闲农业与乡村旅游之名进行圈地和违法经营，使得该产业能够在快速发展的过程中保持健康的方向。

4. 我国休闲农业园区发展存在的问题

在中国，休闲农业作为发展农业新功能、促进农民就业增收的新产业，兴起于改革开放以后，起步虽晚，但发展很快。根据农业部乡镇企业局方面的数据，截至2010年底，全国规模以上休闲农业园区超过1.8万家。仅江苏省目前就有一定规模的休闲农业景点2503个，其中年营业收入在500万以上的达到700个，北京郊区开展观光休闲服务的农业园也有1303个。休闲农业的快速发展为建设现代农业注入了新的活力，成为现代旅游业的重要组成部分。但从目前的情况看，我国休闲农业的发展仍然面临一些困难和问题。

4.1 从产业内部看

4.1.1 大产业，小产品

总体上看，休闲农业虽然产业规模发展很快，但是大部分休闲农业项目建设缺少整体规划和科学论证，各项目间没有得到很好的协调、配合，缺乏有特色、有创意、有市场吸引力的产品。具体表现在：

①在开发建设上，随意性较大，布局不尽合理，功能不配套，市场定位不准，存在着一定无序性和盲目性；②在项目设置上，同质化现象严重，"吃农家饭，住农家院，干农家活"老三样功能单一，缺乏对农耕文化的深入开发，缺乏对农产品的深加工与特色营销，缺乏对农村景观的提升改造，创意和特色明显欠缺；③在内部管理上，大部分休闲农业园区还处于初级阶段，管理粗放，没有建立起规范的企业管理机制，规章制度和管理机制尚不健全，与休闲农业园相关的建设、安全、餐饮、住宿、环保、卫生、服务等方面没有统一的标准和要求；④在设施配套上，大部分休闲农业园区脱胎于生产性的果园、菜园，很多设施是为农业生产、农产品加工服务的，缺乏为游客服务的旅游基本设施，安全、消防、应急、医疗、食宿、解说系统等基础设施条件差、设备简陋，垃圾污水的无害化处理问题严重，不能满足游客需求。

造成这一现象的原因，从微观主体来说，主要是从业人员角色转化尚未完成。休闲农业是以第一产业为基础，融合了第二产业的第三产业，其实质是服务业。目前，休闲农业企业从业人员大多是原来从事农业生产、加工、营销的工作人员，没有摆脱传统第一产业生产的思维方式，还不能很好地完成从伺候庄稼，到服务游客、经营企业的角色转化。

4.1.2 大市场，小资本

主要表现是投资结构不合理，休闲农业市场前景广阔，但是由于种种制约因素，阻碍了社会资本的有效进入。目前休闲农业园区的经营主体有个体农民、村集体、企业、科研院所、其他事业单位、政府部门（管委会+企业的运行模式）等六类。农民个体经营资金有限，在很大程度上限制了休闲农业园区上规模、上档次和上水平。而外来的社会资金大量进入农村受到诸多政策限制（如土地政策），其本身目的也很多样（如为了圈地），个体农民面对相对雄厚的外来资本，自身利益也难以得到保障。而政府与科研院所投资的项目，由于体制原因，大多缺乏经营动力。

4.2 从外部环境看

4.2.1 大体系，小融合

休闲农业是一个涉及"农业、农村、农民"和"生产、生态、生活"的综合性庞大体系，但是目前国内休闲农业缺乏产业融合，尤其是农业与二、三产业的融合，且文化内涵不丰富，区域整合度也较低。究其根源主要是思想认识不统一。一些地方和部门没有把发展

图7 现场作业

图8 据说小岩井的乳制品可以跟北海道的牛乳媲美

休闲农业园区放到解决"三农"问题的大局上考虑，没有与促进农民增收、支持农民创业就业、扩大国内消费、建设现代农业和新农村、统筹城乡经济一体化、一、二、三产业融合发展结合起来。

4.2.2 大产业，小管理

主要表现是行业管理和规划引导不到位，农业部门、旅游部门与其他相关部门在管理上还不够协调。总体看，相关行业管理标准缺乏，与休闲农业园区快速发展急需政府引导的形势不相适应。虽然农业部在乡镇企业局（农产品加工局）设立了休闲农业处，除了少数省份，绝大多数地方的农业主管部门尚未建立起专门的休闲农业行政管理机构。由此造成休闲农业产业的公共服务体系不能很好地建立，休闲农业园区发展涉及的政策、资本、规划、设施、信息等诸多服务体系等滞后，不能满足产业快速发展的需求。

4.2.3 大鼓吹，小政策

主要表现是政策扶持滞后。国家层面还没有实质性促进休闲农业园区发展的优惠政策和推进措施，特别是在税收、贷款、用地、工商管理、食品、卫生、安全保证等方面的政策尚不明确。

5. 日本经验对我国休闲农业发展的启示

针对我国的上述问题，同时参照日本的经验与教训，新时期我国休闲农业发展应做好以下几点。

5.1 要尽快进行行业立法

没有规矩，不成方圆。对于中国的休闲农业来说，法律法规的完善刻不容缓，如此才能有效率地配置资源、整合资源。目前我国休闲农业还没有一部专门的法律法规进行规范，造成规划建设缺依据、社会投资缺保障、行业管理缺手段的重大隐患。中日国情不一，但是将休闲农业产业发展纳入法制化轨道的需求，是必须面对并加以解决的根本性问题。

5.2 要切实贯彻新农村建设的二十字方针

中国的休闲农业虽然也发展了多年，但仍需在观念与政策的定位上好好反思，不要操之过急或太功利取向，应结合新农村建设的总体发展，全面贯彻"生产发展、生活宽裕、乡风文明、村容整洁、管理民主"二十字方针，不要片面地将新农村建设理解为"新民居建设"，也不能盲目地追求大项目、大资本进农村，而是要根据中国传统农业"精耕细作"特点，借鉴同属东亚农业文明圈的日本农业发展经验，注重发挥休闲农业的社会效益、生态效益，注重

"小而精"、"散而美"的塑造,这样休闲农业才能可持续发展。

5.3 要重视农村实用人才的带动工作

人的因素永远是第一位的。在每一个农村社区中,如何寻找出热情的灵魂人物,予以培训,给予舞台,使之成为致富领头雁、职业经理人,充分发挥带动作用,是休闲农业可持续发展的必要条件。

5.4 要依托农村合作组织保障农民权益

将休闲农业与农村社区建设结合,是增进城乡交流和激发乡村活力的重要策略。国内外大量正反两方面的例子都告诉我们,应该在开发中尊重农民利益,注重社区参与,加强专业合作社与行业协会的作用发挥,为农民建立自信与尊严,这样才能避免农民在休闲农业产业大发展中被边缘化,避免开发中这样那样的矛盾冲突出现。

5.5 要注重产业融合

无论是都市农业还是休闲农业,都有很强的产业融合属性。在区域经济发展中,休闲农业是都市农业的核心部分和发展极。因此以休闲农业为核心进行产业融合,就是都市农业发展的内在要求。休闲农业带动农村一、二、三产业的融合,是产业内在的要求,也具备有利的外在条件。因此,应充分发挥休闲农业在社会主义新农村建设中的核心组织作用与龙头带动作用,以新农村建设为核心主导,带动相关职能部门、广大社会力量从不同的角度为"三农"的发展服好务。

参考文献:

[1] 杨国才.日本农业结构特征分析问题[J].现代日本经济,2007(03).

[2] 凌强.日本观光农业的特点及启示[J].农业科技管理,2007(04).

[3] 農林水産省.こども農林水産白書(2010年11月).www.maff.go.jp/j/wpaper/w_junior/h22/.

[4] 農林水産省.農山漁村余暇法の概要.www.maff.go.jp/j/nousin/kouryu/kyose_tairyu/k_gt/yokaho.html.

[5] 社団法人全国农协观光协会.地域コミュニティ活性化支援事業報告書[R].2007.

[6] 農林水産省.新たな食料・農業・農村基本計画.http://www.maff.go.jp/j/keikaku/k_aratana/

[7] 株式会社農協観光.公司的历史.http://www.ntour-china.com/aboutUs.asp

[8] 中国旅游协会休闲农业与乡村旅游分会.全国休闲农业与乡村旅游发展报告(2010年)[R].2011.

[9] 蔡金华,刘照亭,王敬根,曲直.日本观光农业对中国现代农业发展的启示[J].现代农业科技,2008(21).

[10] 闫慧军.日本明日香村发展观光农业的启示[J].陕西综合经济,2006(03).

[11] 农业部副部长高鸿宾在全国休闲农业与乡村旅游经验交流会上的讲话[J].农业科技与装备,2011(05).

[12] 冯建国,陈奕捷.以休闲农业为核心,带动都市农业产业融合[J].中国农业资源与区划,2011(04).

[13] 尹义坤,刘国斌,胡胜德.日本旅游休闲农业经验对吉林省的借鉴[J].现代日本经济,2008(02).

图9 小岩井的牛奶

Lavender Tourism: A Specific Perspective on Creative Agriculture

香草旅游：创意农业的奇葩

文/王滨肖

【摘 要】
本文论述了如何打造香草旅游成为创意农业的奇葩。作者详细介绍了芳香植物及其产品和应用、香草文化、香草产业化。作者重新阐释了香草旅游的概念，指出香草旅游包含了旅游概念：芳香生态景观的创意设计，游客观光旅游和体验互动；农业概念：香草植物的种植；工业概念：香精香料产品的提取、加工、生产、销售； 生态概念：本土芳香植物种子资源的保护和开发，国外优良香草植物种子的引进；健康概念：芳香疗法保健养生；文化概念：香草文化的深度挖掘和发扬光大。作者还介绍了国内外一些知名香草旅游的案例，提出了对中国香草旅游发展的几点思考。

【关键词】
芳香植物；香草旅游；香料精油；芳香疗法；创意农业

【作者简介】
王滨肖　成都山水之间旅游开发有限公司副总，负责生态农业项目

1. 引言

创意农业起源于上世纪90年代后期，由于农业技术的创新发展，以及农业功能的拓展，观光农业、休闲农业、精致农业和生态农业相继发展起来；与此同时，创意产业的理念也在英国、澳大利亚等国家和地区形成并迅速在全球扩展。借助创意产业的思维逻辑和发展理念，人们有效地将科技和人文要素融入农业生产，进一步拓展农业功能、整合资源，把传统农业发展为融生产、生活、生态为一体的现代农业，即现在所谓的创意农业。创意农业不仅是一种新型生产方式，更应是一种充满文化内涵与创意的新型生活方式。

在中国，"创意农业"一词最早由全国政协副主席厉无畏在两会上第一次提出，"创意农业的特色及其优势在于能够构筑多层次的全景产业链，通过创意把文化艺术活动、农业技术、农副产品和农耕活动，以及市场需求有机结合起来，形成彼此良性互动的产业价值体系，为农业和农村的发展开辟全新的空间，并实现产业价值的最大化。"

芳香植物是一类能挥发出宜人香气，其有效成分在医药上有特殊功效的和富含营养成分的，具有特殊气味的植物的统称，可用于香料、食品添加、医药卫生、化妆品、园林绿化等行业。香草产业具有产品附加值高、加工过程无污染、栽培过程有机化、应用广泛、产业链长的特点，它既能改善农业种植业结构，同时又能缓解农民就业压力，提高农民致富能力，是一个新型的可持续发展的绿色产业。香草植物从引种栽培，精油提取加工、植物的干燥加工，到芳香花草茶、干花制作的香饰品、精油产品到芳香纯露等走向市场，已形成从种植加工到产品的雏形。由于香草植物的产品既时尚又健康，随着人们对物质和精神文明追求的日益增长，香草旅游存在着巨大的发展空间和潜在的经济市场。

香草旅游是创意农业的奇葩。北京市密云县古北口汤河村的紫海香堤艺术庄园较早成为香草旅游一个亮点：集紫色浪漫，健康环保、教育培训、文化创意为一体，在绿化、彩化、香化的极高境界中，在高负离子空气的生态环保环境中，以浪漫爱情为主题的香草生态景观与建筑小品使情侣们踏香漫步，情意绵绵，心旷神怡，流连忘返。游客们通过观赏香草大地艺术和"拈花惹草"的体验式消费、视觉震撼、嗅觉陶醉，身心灵均获得极大满足。

继北京紫海香堤艺术庄园之后，以芳香植物为特色的休闲农庄北京就有十几家，香草主题公园在全国各省各地也纷纷涌现，例如青岛藏马山芳香生态植物公园、上海芳香保健植物园、广州香草世界、新疆香草主题公园等项目迅猛发展，呼声越来越高，投资也越来越大，极大地推动了我国香草产业和乡村旅游的发展。然而其中不少项目一哄而上，以炒作薰衣草概念圈地开发旅游地产，项目简单复制，景观高度雷同，既没有适合当地品种的香草产业化项目做支撑，又没有新的旅游产品创意和深刻的文化内涵，更缺乏专业人士的参与和操作。照此下去，此类芳香旅游景区项目盲目发展，缺乏进一步发展的方向、动力和后劲，定会造成土地、资金、人力等资源的极大浪费。

为此，笔者想从创意农业的角度论述中国香草旅游。

2. 概述

中国香草旅游项目主要内容应包括本土芳香植物种子资源的保护和开发，国外优良香草植物种子的引进，芳香生态景观的创意设计，香草植物的种植、应用、观光旅游，香精香料产品的提取、加工、生产、销售和游客体验项目，芳香疗法保健养生及香草文化的深度挖掘和发扬光大。

2.1 芳香植物

芳香植物是兼有药用植物和天然香料植物共有属性的植物类群。近代的科学研究发现，芳香植物除了含有多种药用成分和香气成分外，还含有抗氧化物质、抗菌物质等，并且这种成分是可以作为精油香料被提取出来用于医药、食品加工、化妆品等各个行业中。

芳香植物是指在根、茎、叶、花、果实、种子中不等量地含有可挥发芳香油的植物。据不完全统计，芳香植物在世界上有3600多种，被有效开发利用的有400多种，分别属于唇型科、菊科、伞型科、十字花科、芸香科、姜科、豆科、鸢尾科、蔷薇科等。这些品种的原产地主要分布在以地中海沿岸为中心的欧洲诸国，在中亚、中国、印度、南美等国家或地区也多有分布。

中国幅员辽阔，植物物种类极其丰富，芳香植物的种类更是位居世界第一，全国芳香植物达600~800多种，分属于70个科200多个属，主要集中在芸香科、樟科、唇形科、蔷薇科和菊科5个科，自然分布于南北各地，可分为乔灌木、藤本类、草本类三个类型。

乔灌木类：具有芳香气味的乔灌木主要有：柏科的侧柏、香柏；海桐科的海桐；玄参科的毛泡桐；樟科的香樟、阴香、月桂；金缕梅科的蜡瓣花、金缕梅；芸香科的花椒、黄檗、九里香；木兰科的白兰、黄兰、含笑、玉兰、广玉兰、望春玉兰、山玉兰、馨香玉兰、天女花、夜合花、优昙花；蔷薇科的梅花、香水月季、突厥蔷薇、稠李、多花蔷薇、木瓜；省沽油科的银鹊树；瑞香科的瑞香、结香；木犀科的华北紫丁香、蓝丁香、北京丁香、暴马丁香、波斯丁香、桂花、素馨花、茉莉、女贞；忍冬科的糯米条、香荚蒾、珊瑚树、接骨木；楝科楝树、米兰；蜡梅科的蜡梅；山茶科的木荷、油茶、厚皮香；豆科的金合欢、金雨相思；茜草科的栀子、黄栀子；番荔枝科的鹰爪花；萝藦科的夜来香；菊科的蚂蚱腿子；千屈菜科的散沫花；马鞭草科的兰香草；五加科的鹅掌柴；杜鹃花科的毛白杜鹃、云锦杜鹃等。

藤本类：蔷薇科的木香、金樱子、香莓、光叶蔷薇、多花蔷薇；忍冬科的金银花；豆科的紫藤、藤金合欢等。

草本类：石蒜科的纸白水仙、丁香水仙；姜科的姜花；唇形科的薄荷、留兰香、罗勒、藿香、紫苏、香薷紫荆芥、迷迭香、鼠尾草、百里香、薰衣草、灵香草；马鞭草科的荆条；百合科百合、铃兰、萱草、玉簪；柳叶菜科的月见草、待霄草；菊科香的叶蓍、地被菊、龙蒿；十字花科的香雪球、紫罗兰；豆科羽的扇豆；天南星科的石菖蒲；败酱科的缬草；石竹科的麝香石竹；牻牛儿苗科的香叶天竺葵、豆蔻天竺葵以及兰科的兰花等。

中国利用芳香植物的历史有3000多年，衣食住行的各个领域都和各种芳香植物息息相关。芳香植物的体内含有四大主要成分，即芳香成分、药用成分、营养成分和色素成分。大部分芳香植物还含抗氧化物质和抗菌成分，因而芳香植物是生产药品、保健食品和化妆品的重要原料，多数芳香植物被加工成精油类初级产品出口。我国是芳香植物精油类的重要出口国和进口国，我国生产的黄樟油、柏木油、山苍子油的原料属野生资源，具不可再生性，数量在逐年减少；薄荷油、香茅油、留兰香油、柠檬草油的原料属人工种植，价格偏低，但产量在再逐年减少；薰衣草油、茶树油、香紫苏油、玫瑰油目前正处于发展中；桉叶油、香叶油、桂油、茴油、香茅油属大量出口品种。

2.2 香草产业化

香草植物属于芳香植物中的一大类种群，其中大多数属于一年生或多年生草本植物，其中也有灌木、亚灌木，原产于地中海沿岸，内含醇、酮、酯、醚类芳香化学物，枝叶会散发出怡人的香气，虽不像桂花、茉莉花、米兰、含笑香味那么浓烈，但它打破了这些花只有开花时才有香气的特点，其枝叶常年溢香，枯而犹存，被人称为四季飘香的"天然香水瓶"。在国际市场上素有"软黄金"之称的植物精油、香料产品，其原料就是这些香草植物。香草植物用途广泛，贴近生活，市场需求量越来越大，它不仅可美化居室、点缀庭院、净化空气、驱除瘟疫，而且可食用、饮用、保健、药用，是前景诱人的特色高效种植业。

香草植物被人类利用的历史极早，有些物种在石器时代便开始有栽培和被人类驯化利用。早期香草被认为具有神奇的功效，并扮演重要的角色，到现在，欧美人大多将香草用作调理菜肴或作为家庭草药之用。据统计，在日本约有200万人在家里种植有香草植物；近年来，在国家及地区级芳香植物科研项目的推动下，在地方政府的配合下，香草植物从引种栽培，精油提取加工、植物的干燥加工，到芳香花草茶、干花制作的香饰品、精油产品到芳香纯露等走向市场，已形成从种植加工到产品的产业链。全国各地都有少量种植，新疆地区早有大面积栽培少数品种的香草，主要用于提取

图片来源：北京紫海香堤香草艺术庄园提供　　图1 马鞭草

图片来源：青岛隆岳置业有限公司

图2 藏马山薰衣草

精油、香料之用，其他相关延伸价值也正在开发中。香草植物大都耐旱、耐寒、耐贫瘠，可利用山坡、耕地大面积集中种植，是粗放型管理的灌木草本类经济作物。种植香草平均每亩收入至少达3000~5000元，是普通农作物的3~5倍，种植香草植物，经济效益明显，可以使农民增收致富。根据测算，大棚种植一亩芳香植物平均可以获纯收益约6.6万元。香草植物具有观赏、茶饮、食品、美容、医疗保健等多重功能和丰富的文化内涵，能满足市民观光、采摘、旅游、美化居室等生活功能的需求，增加设施农业的花色品种，是发展观光休闲农业的好选择，是创意农业的新亮点。

有资料显示日本、韩国及欧美国家早已把香草植物作为经济作物种植，广泛应用于园林观赏、庭院绿化、提炼精油、食品加工以及化妆品行业。在居室、客厅内摆上数盆香草，既可灭菌净化空气，又可调节人的神经系统，起到提神醒脑、增进食欲的作用，并可以驱除蚊虫，深受消费者喜爱。

欧洲香草是目前欧美流行的新型香味植物。我国近两年先后引进了20多个欧洲香草新品种，在十多个省市试种表现良好，并取得了良好的社会和经济效益。欧洲香草在欧洲园艺产业中占有很重要的地位，很多园艺部门和爱好者都有自己专门的香草植物园，他们收集培育出各种各样的香草植于园中，让它们一年四季散发着或清淡或浓郁的各种香气，令人心旷神怡。经科学证明，这些香气有的可以杀菌、消毒、驱虫，有的可调节中枢神经，对人体健康非常有益。香草植物是一类很有发展潜力，集观赏、食用、保健、绿化等用途，可深加工的种植新品种，通过示范推广，对农业产业结构调整和带动农民致富有着广泛而深远的作用。

然而与欧洲上百年的精油研究开发相比，中国的精油普及和使用还有很大的距离。有数据显示，我国的植物精油消费还不到国际市场消费的1%。但即便就是这1%，也是不可小觑的数字。有报告显示，中国香草产业每年的销售额已达几百亿元，并以20%~30%的年增长率快速发展。业内人士称，如果我国芳香产品人均消费量达到澳大利亚的十分之一，我国的香草产业市场就将达7000~8000亿元。

图片来源：北京紫海香堤香草艺术庄园提供

图3 芳香园

香草产业还是真正的低碳、高科技、无污染的产业。提取精油时产生的副产品芳香蒸馏水，稍作加工可用作香水、化妆水、爽肤水的基础水；蒸馏剩余的残渣，可分别用作生物农药和动物饲料；就连香草园里飘散出来的香气，也能为周围农作物驱赶虫害。至于经济效益，以种植一亩大马士革玫瑰为例，如果单纯提取精油和花水，每亩净赚1.4万元，若是对玫瑰精油再进行药用和保健品等深度开发，每亩收益高达3.4万元。

由于整体生产水平低，中国精油以成品直接出口的量很少，出口以初级原料为主。有报告显示：我国天然精油及香料产量约为世界的三分之一，绝大部分出口到国外，但出口额却只有国际市场的8%~11%。日本、西欧从我国大量进口初级原料，利用其技术优势进行加工处理后，再以制成药品、高档美容护肤品及保健品出口到世界各地，附加值大大增加。

2.3 芳香植物景观

芳香植物，顾名思义就是除了鲜艳的花朵和绿色的植株外，还能散发各种不同的芳香气味的植物，这类植物不但能美化、绿化环境，还能清新空气，给人以舒适的享受。植物是园林景观的基本要素，构成了极富变化的园林动景，为园林增添了无穷生机，而香味是"植物之灵魂"，在园林植物的观赏性状中最具特色。

芳香植物的园林应用方式在国外主要有芳香植物专类园，例如芳香园、玫瑰园、牡丹园、盲人园、夜花园及植物保健绿地等。

芳香植物的种植在欧美、日本等发达国家的园艺业中占有极其重要的位置，许多地区都有自己的芳香植物园。如法国的普罗旺斯，日本的北海道，每年夏季的紫色薰衣草花海，都是明信片、艺术风景与浪漫电影的取景经典。

中国古典园林注重意境美的创造，主张运用植物时"重于香而轻于色"，以芳香植物来提升园林景观的文化底蕴，把独特的韵味和意境带给园林。现代园林常追求大色块，重视视觉冲击力，反而忽略了嗅觉的感受，忽视了芳香植物的应用，而这类植物恰恰最具中华民族的文化特质和中国园林的文化特色，它们有姿态、有韵味、有意境，是园林"绿化"、"美化"、"香化"的重要材料。

2.4 芳香植物产品——天然香料与精油

香料，英文一般用spice，指称范围不同，主要指胡椒、丁香、肉豆蔻、肉桂等有芳香气味或防腐功能的热带植物。天然香料是干的芳香植物的种子、果实、根、树皮做成的调味料的总称，例如胡椒、丁香、肉桂等。它们主要是被用于为食物增加香味，而不是提供营养。用于香料的植物有的还可用于医药、宗教、化妆、香氛或食用。香料很少单独使用，大部分以数种或数十种成分调和构成，有时，香料也可作为制造香水用的材料。

香料的味道被认为是圣洁之气，又可以防腐，埃及人于是用它来制作木乃伊；传说它有催情作用，于是成为中世纪时期最主要的春药；其丰厚的利润让人无法抗拒，航海家、商人、海盗，甚至军队也介入其中，早期的香料贸易充满了野蛮、压榨和血腥，在航海家的时代，香料，是人们探险世界的欲望之源。在当时人们的眼中，香料，是一种充满魔力的东西。探险家们为了对香料的追寻，从地球的一端航行到另一端，冒着可能感染上坏血病、可能葬身大海的危险。早期基督教将它作为一种信仰之物，香料被描述为高贵、神秘而美妙的事物，是巫术中重要的施术载体，香草的巫术力量既可以悦神、避邪除瘟，更能刺激男女的情欲以达到生育和繁衍。在医术上，香料也被认为是可以维护健康平衡的物质而开出许多奇异的药方。

天然香料以天然植物为原料，经热榨、冷榨、蒸馏、有机溶剂浸出等方面制成芳香精油。也可用乙醇制成酊剂或浸膏，常用天然香料有八角、茴香、花椒、姜、胡椒、薄荷、丁香、茉莉、桂花、玫瑰、肉豆蔻、香叶、草果和桂皮等。

天然香料（包括天然香料的萃取物）的养生价值远高于合成香料。合成香料系化学制品，其原料取自煤化工原料、石油化工原料等含有碳、氢、氧等元素的化学材料，虽然气味芳香，但作为化学制剂，对健康都存在不同程度的危害，熏烧类的香品尤其明显，而天然香料正好相反，几乎都是药用植物，不仅有香气，还含有十分丰富的营养成分。

截至目前，中国已发现有开发利用价值的芳香植物种类有60多科400多种，其中进行批量生产的天然香料品种已达100多种。传统的出口商品八角茴香(中国八角茴香产量占世界总产量的80%)和中国桂皮(中国肉桂油产量占世界总产量的90%)主要分布于华南各省及福建南部，尤以广东、广西最多。除此之外，我国的薄荷、山苍子、留兰香、茉莉、桂花、桉树、薰衣草等都是在世界香料市场出口量大、有一定影响力的产品。闻名世界的中国薄荷脑及薄荷素油主要产于江苏、安徽、江西、河南等省；山苍子油主要产于湖南、湖北、广西、江西等省；名贵的桂花资源主要分布于贵州、湖南、四川、浙江等省；柏木油主要产于贵州、四川、浙江等省；四川、湖北主要盛产柑橘、甜橙、柚、柠檬等；一些纯热带香料植物，如香荚兰、丁香、肉豆蔻、胡椒等主要栽培于海南和西双版纳地区。中国盛产的香料油品种还有杂樟油及樟脑、香茅油、姜油、桉叶油、留兰香油等。此外，中国每年大量出口的香辛料植物资源如生姜、洋葱、大蒜、辣椒、芫荽、小茴香等在中国南北各地均有栽培。

精油不仅便于运输和存储，也便于把香料加入药物、化妆品、食品、调味品之中，从而极大地扩大了香料的应用范围，对香料工业的兴起和整体发展起到了重要的推动作用。精油是贵重的工业原料，食品工业，造酒工业、香水工业、制药工业都离不开精油。我国是精油出口大国，每年出口的桂油、八角油、樟油、玫瑰花油、薄荷油等，创汇超过数亿美元。

目前，我国生产的香料产品已经出口到122个国家和地区，是名副其实的原料大国。由于天然香料有着合成香料无法替代的香韵，除含有药物成分和芳香成分外，还含有大量营养成分和微量成分，大多数不存在毒副作用，因此，天然香料的开发利用具有重要的意义。

2.5 芳香植物保健——芳香疗法

芳香植物体内有许多微小的油腺与油囊，其中含有各种植物油脂，芳香植物的有香成分主要就存在于这些油脂之中。芳香油是植物体内代谢过程中产生的次生物质，是一种复杂的混合物，常含有50种以上的成分。在这些成分中，按其化学官能团来分，可分为烃类、醇类、酚类、醚类、醛类、酮类、内酯类、酸类、酯类、含硫和含氮化合物类等。用物理

图片来源：http://t.cn/zYAChbu 　图4 "埃及香料市场"是伊斯坦布尔最大最古老的香料市场

图片来源：http://t.cn/zYyglX9　　　　图5 芳香疗法

图片来源：http://t.cn/zYyf12r　图6 植物精油

方法把油脂分离、提取出来，就得到了芳香油。芳香油又称精油，是由植物产生的，并且大多数是液态的具有挥发性的有机混合物，具有香气，精油以游离态的形式含在植物的花、茎、叶、果、根、种子、树皮或树木中，它具备调节温度和预防疾病的功能，所以我们可以利用精油的这项特质在生活中驱逐害虫以及保健身体。

芳香疗法（Aromatherapy），是利用芳香植物提取的纯净精油来辅助医疗工作的另类疗法。芳香疗法慎重使用精油保持和增强身体、心理和精神的健康。它是一种自然、亲切的疗愈艺术，通过正确使用精油，协助身体的自然能力平衡、调节、治疗和保持健康。纯天然精油药力含量比一般植物汁液药高出70多倍，但是必须了解其特性及使用方法才能达到效果，因此，依照身体需求、健康问题、体质状况量身订做精油调配处方，成为芳香保健师的必修课程。芳香精油护肤品的功效超越一般护肤品好几倍，主要作用于放松、舒缓、排毒、能量复活及塑身等功效性的调理SPA上。

芳香疗法甚至可以透过人体的视觉、触觉和嗅觉来刺激大脑皮层，启迪人的思维，为人类提供精神上的慰藉，并释放心理和精神上的种种压力，使人树立积极的人生态度。广义的"芳香SPA"，就是将植物芳香精油运用"香熏"、"按摩"和"沐浴"等的方法，通过人体的嗅觉、味觉、触觉、视觉、听觉五大感觉功能，把植物的荷尔蒙，经由皮肤和呼吸系统吸收，进入脑下垂体，调整内分泌，平衡荷尔蒙，从而对人在生理和心理上进行调整，使身体免疫力增强，恢复健康，消除忧郁、焦虑、烦闷、愤怒等情绪和疲惫感，达到一种身、心、灵皆俱舒畅的感觉，也可称其为"五感疗法"。

古人用芳香疗法来治疗疾病，大多数采用熏蒸法。早在古埃及时代，人类就已经利用芳香植物，来治疗身心失调的疾病。特别是四大文明古国的宗教徒们礼拜，常常燃点艾叶、菖蒲、乳香、沉香、檀香、玫瑰花等芳香物，用以驱逐秽气、杀虫灭菌。埃及艳后克里佩脱拉睡觉用的枕头里装满玫瑰花瓣，据说这能使她躺下后很快进入梦乡。所罗门国王让侍者在他睡觉的床上铺洒香料，像没药、芦荟、肉桂等，这些香料的气味使精神松弛、舒畅。古希腊和罗马人也早就知道使用一些新鲜或干燥的芳香植物可以令人镇静、止痛或精神兴奋。后来希腊及罗马人开始利用精油洗澡及按摩。

古代的芳香疗法常常用于治疗一些严重的疾病、传染病或慢性病。中世纪是人们使用芳香植物和香料从瘟疫中拯救了人类的时代。当时人们把乳香、素馨、薰衣草、肉豆蔻、苦艾、没药、沉香、月桂、迷迭香、紫苏、鼠尾草、玫瑰花、接骨木等香料加到篝火中燃熏，有效地阻止了瘟疫的蔓延。

公元17世纪时，英国流行瘟疫黑死病——鼠疫，英国有一个小镇伯克勒斯伯是当时的薰衣草贸易中心，由于小镇的空气中总是弥漫着薰衣草的芳香，所以，该镇竟奇迹般地免于黑死病的传染和流行。

古代的芳香疗法，经过文艺复兴时期，又渐渐被人遗忘。到了公元20世纪，大量使用合成的化学药品出现了不少副作用，加上"一切回归大自然"的呼声不断，人们重新评价天然物质的医疗作用，"芳香疗法"又进入了现代人的生活中。

法国的化学家盖特佛塞（René-Maurice Gattefossé）在一次的爆炸意外中，发现薰衣草精油可以减小烫伤的水泡和伤口，于是在1937年提出芳香疗法的概念，来彰显植物芳香精油在医疗上的用途。芳香疗法及芳香精油的研究更因此在近代科学史上展开新的一页。

3. 国内外知名香草旅游集锦

3.1 "世界香水之都"——格拉斯小镇

法国南部里维埃拉沿海气候湿润，当地小镇格拉斯就成了用来制作香水的各种鲜花的栽培中心，直到今天，这里仍是举世驰名的法国香水城市。环绕着该城的香水工厂不下30家。差不多在巴黎出售的香水大都在此生产。格拉斯是一年四季盛开着玫瑰、茉莉、合欢草等香料花草的小镇，在这一带的山野幽谷中种满了各种的香花，用作制香水的原料。

这里农民的财产就是花。漫山遍野都栽植着花卉。山上开梯田做花圃，残冬向尽，农民就担土上山，培植苗圃。这里种的有淡紫花的杜蘅，成畦成畦的玫瑰，一望无际的粉红荷兰、石竹和紫罗兰，行销世界各地市场。格拉斯一带最适宜花的生长。这里的花单产虽不是最高的，而花的质量却是最佳的，走进格拉斯，香气袭人。格拉斯地区不仅滋养着本地土生土长的花，来自远方的外国香料植物也在格拉斯找到了乐土。冬季圣诞节后，来自澳洲的黄绒花（mimosa，含羞草类）将格拉斯及整个蓝色海岸染成金黄色；春季，染料木的黄花取代黄绒花；夏季，田中是紫色的薰衣草；5、6月份是玫瑰的季节，7~9月茉莉盛开。此外，还有晚香玉、柠檬、柑橘、老颧草、薄荷、黄地仙、紫罗兰……由于格拉斯位处坡地，各个品种的花均找到了自己需要的海拔高度而各得其乐。

格拉斯是世界一流名牌香水香精的故乡，据说巴黎乃至世界的著名调香师大部分出身于格拉斯，花宫娜（Parfumerie Fragonard）是可供游人参观的香水工厂。这里最精彩的莫过于参观"国际香水博物馆"，除了可以了解香水完整的制作过程以外，还可以亲临博物馆的屋顶温室，欣赏满室的玫瑰、薰衣草、茉莉等制作香精的原料。

3.2 保加利亚玫瑰谷

早在1270年，保加利亚从叙利亚引进大马士革玫瑰（Damask Rose）。16世纪，保加利亚人开始用玫瑰提取玫瑰水，自1680年后保加利亚开始将大部分玫瑰用于生产香料工业用的玫瑰油，18世纪中期保加利亚玫瑰油或经土耳其伊斯坦布尔的海运，或经罗马尼亚的布加勒斯特和奥地利的维也纳经过陆路运输，出口到欧洲。19世纪早期，保加利亚玫瑰谷的玫瑰和玫瑰油生产，是以家庭作坊形式进行的。后来种植面积不断扩大，到了20世纪，保加利亚已成为世界上最大的玫瑰油生产国。在早期的香氛成分中，大马士革玫瑰精油占了很大的比例。这种世界上最著名的玫瑰精油，产地就在保加利亚的喀山拉克地区。

玫瑰精油含量非常稀少，故价格非常昂贵，300克的玫瑰精油需要1吨的大马士革玫瑰花瓣来提取，玫瑰花瓣必须在每天太阳升起之前采摘，香味才最为浓郁。保加利亚人民酷爱玫瑰花，把它誉为"花中之王"，并把它敬为国花。在保加利亚，无论在喧闹的城镇还是偏僻的山村，到处都可以看见玫瑰花。保加利亚玫瑰谷也闻名于世。

图片来源：北京紫海香堤香草艺术庄园

图7 香草艺术庄园——钟楼广场

图8 北海道富良野——花之岛（武琳 摄）

赞勒克市是保加利亚种植产油玫瑰花最多的一个地区，著名的玫瑰谷就在这里。每年6月的第一个星期，玫瑰花争相吐艳的时候，保加利亚人民都要度过一个盛大的民族节日——玫瑰节，庆祝活动依次在玫瑰谷内的各个村镇附近举行。这些举行庆祝活动的地方被称为"玫瑰的首都"。

但在此前，会举行玫瑰皇后选拔赛，城里或周围地区的未婚女性都可以报名参加，经几轮选拔，最终选出一名玫瑰皇后，她将成为整个玫瑰节的灵魂。节日游行会持续5天，玫瑰节上还有玫瑰采摘仪式、歌舞表演和盛装游行等活动。同时可以游览玫瑰采摘地和玫瑰提炼地、玫瑰研究协会和玫瑰历史博物馆。

3.3 普罗旺斯

普罗旺斯漫山遍野的薰衣草让人狂喜不已，自行车上、牛头上、少女的裙边插满深紫浅蓝的花束，整个山谷弥漫着熟透了的浓浓草香。田里一笼笼四散开来的薰衣草和挺拔的向日葵排成整齐的行列一直伸向远方，阳光撒在薰衣草花束上，是一种泛蓝紫的金色光彩。当暑期来临，整个普罗旺斯好像穿上了紫色的外套，香味扑鼻的薰衣草在风中摇曳。每年的5月至10月是薰衣草开放的时分，而当中更有"薰衣草节"及嘉年华，售卖关于薰衣草的产品如香水、香熏油、干花等的庆祝节目。普罗旺斯如今已经成了人们浪漫生活方式的代表地，每年接待世界各国游客达到上千万人次，每年旅游收入仅次于法国首都巴黎。

3.4 北海道的富良野

北海道的富良野，被称为"东方普罗旺斯"，也以紫色薰衣草花海闻名。从6月下旬至8月上旬，该地区的山坡与平原都化成薰衣草之海，空气里弥漫着幽香。除了紫色的田野，还有占据整个山丘的满天星，大片盛开的向日葵花田，以及波斯菊、郁金香、罂粟花等，构成一幅深浅交错色彩斑斓的美丽画卷。曾经寒冷贫穷的富良野山区，如今单就每年夏季的旅游收入就足以使当地农民生活富裕。

3.5 韩国相洙香草乐园

韩国相洙香草乐园是亚洲香草资产规模最大的香草农场，相洙香草乐园的香草资产规模为5万余m²，香草品种有550多种，育苗并生产。相洙香草的品质优良，其独特的颜色、香气、药效得到欧洲、北美洲香草专家的肯定，其知名度和品牌价值快速提升。相洙香草园具备3000多m²的尖端铝玻璃温室。使受不了韩国冬季的香草过冬，同时可以进行香草研究，因此，不论下雨下雪四季更替，一年

365天都可享受香草美景。

相洙香草乐园以香草为主题的精彩讲座由研究人员组成的精英团队担任讲师,中国政府园艺公务员进修团到此进修了为期6个月的课程,接着中国香港、中国台湾、日本、马来西亚、泰国、菲律宾等地区和国家的一些与香草有关的产、学、研团体陆续访韩进修,通过这些教育培训,每月平均1万6千名,每年共20万名外国人分享利用香草的健康、智慧和爱。

相洙香草乐园其初级加工产业产品系列有:大规模香草Plug(推广),香草原料生产农场,育苗生产农场,香草妹/沙拉工厂,香草Plug(推广),育苗Plant(车间),香草园艺用品工厂,香草Spices(香料)工厂,香草原料生产工厂,香草花生产Plan(设计)。

精加工生产产品系列有:香草工业品工厂,香草西餐厅,香草面包室,香草商店,芳香体验馆,花饭,香草茶,香草健康食品类,医用香草制药类研究,香草面包类,香草树,香草EssenceOil(精油),香草护发产品系列,香草护肤产品系列,香草香类产品系列,香草工艺产品系列等。

科研教育产业项目运营有:生物香草研究室,香草教育事业(香草大学),香草读物,香草连锁店,香草绿化咨询,香草技术咨询,有关香草的IT技术咨询,生物香草研究室,香草读物,香草大学运营,香草连锁店,香草绿化咨询,构建网上有关香草IT的技术咨询与有关香草的IT建设等。

特别值得一提的是韩国"相洙香草乐园"的CEO李相洙在长达36年的时间里,坚持香草事业耕耘,凝聚了一支有36年园艺经验积累的香草研究精英队伍,把相洙香草乐园从小做大,做强,做专,做精,成功建立了完整的相洙香草产业链,开发研制了高质量医用香草——相洙香草及其产品和提取设备,发展了相洙香草科研、教育、IT事业,形成了韩国独特的长生不老相洙香草文化,树立了亚洲的"香草MECCA1号"的品牌,相洙香草乐园现已成为亚洲乃至世界创意农业的典范。李相洙作为农民园艺和香草专家,不论遇到任何困难,都具不屈的挑战精神、预测未来的能力和时刻准备的创造精神,尤其值得我国各类香草园的业主和从业者学习借鉴。

3.6 北京密云紫海香堤香草艺术庄园

紫海香堤香草艺术庄园位于北京市密云县古北口镇汤河村,项目占地200多亩,庄园共引入来自世界各地的200多种香草,是汤河地区"汤泉香谷"区域开发的示范项目之一,是北京市重点观光农业项目。每年旅游收入

图片来源:北京紫海香堤香草艺术庄园

图9 婚恋摄影中心大厅

创意农业 Creative Agriculture

图片来源：北京紫海香堤香草艺术庄园

图10 拍摄棚

图片来源：北京紫海香堤香草艺术庄园

图11 水岸平台

700万元。紫海香堤香草艺术庄园，定位于"现代都市型农业"、"情景式休闲度假"与"文化创意产业"三位一体的文化旅游模式，通过与香草文化的巧妙结合，形成了独具特色的产业结构。

紫海香堤艺术庄园于2005年开始策划，2006年启动香草园建设，2007年得到当地政府大力支持，2008年9月正式开业。庄园内设有可同时接待300人就餐的"鲜吃"中餐厅、"紫·香"西餐厅，同时还设有香堤艺术画廊、香草专卖店、香草主题展厅、DIY手工制作室、综合服务中心、香堤会所、特色水岸休憩长廊、薰衣草婚庆广场、爱情小木屋、爱情渠、相遇桥等娱乐、休闲设施。

艺术庄园分为五个园区：（1）香草产业园区，包括种植栽培示范园150亩；（2）汤河香草亲水乐园；（3）香草艺术庄园区，包括建木屋、木桥、城堡、别墅、酒吧、会议中心；（4）公共区；（5）生态农业与果园示范区。香草艺术园区秉承国际时尚香草艺术文化，开发有多种香草时尚产品，如根据普罗旺斯的古法手工制作的干花、香包、香袋、精油、香水、香皂、蜡烛、花环、花篮等。

庄园以爱情为主题，浪漫为形式，通过对

香草文化的包装和利用,极力塑造普罗旺斯式的浪漫氛围。庄园内景观设计秉持简约与浪漫的格调,从花海中的爱之舟、白色篷房、原木小屋,到星座柱、爱情渠、爱情墙等等,营造出温馨魅惑的视觉与情感体验,非常投合浓情浪漫的心情。景区内还设有汽车营地和烧烤区,同时不定期举办丰富多彩的游艺活动,是休闲度假、观光旅行、踏青写生、婚恋交友的理想目的地。

2008年8月中旬项目进入试运营阶段。经过两个多月的实际运作,到10月为止,园区总接待量达到33631人次,总收入为187万元,日均接待量为374人,同时,庄园平均每天接待10对婚纱摄影客群。项目在运营期间成为网络一大热点,项目风光图片在网络上风靡一时。如今每年香草艺术庄园旅游收入700万元,当地农民家庭年收入增加1万~2万元。

紫海香堤香草艺术庄园的另一大特色,在于经营上"双赢模式"的良性运作,不仅成功树立了正规化、公司化的经营管理体制,同时深度挖掘地方资源潜力,形成了从香草种植、产品研发、产品加工到文化输出这一完整的产业链结构;同时,也为古北口汤河地区农民增收、新农村建设与推动地方经济发展提供了有益的思路。

3.7 青岛藏马山芳香生态农业景区

藏马山位于胶东半岛沿海地区青岛胶南市藏南镇,位于北纬35.78°、东经119.77°,与地中海沿岸属于同一纬度的温带海洋性气候区,四季分明,气候宜人。现已有大量松、柏类,野蒿、野菊、野蔷薇和荆条等本地芳香植物生长。藏马山的气候、土壤非常适合地中海沿岸的香草植物,例如玫瑰、牡丹、薰衣草、洋甘菊、香蜂花等生长。

青岛胶南藏马山芳香生态农业景区占地1.2平方公里,是以北京大地风景景观规划院作总体规划的,美国MCM公司作详细规划设计的,中科院植物所为技术支撑的,以芳香生态为特色的,农业产业化为支撑的,集观光休闲体验、山地运动、医疗保健、养生养老、餐饮娱乐度假、科研教育、农产品生产加工销售为一体的创意农业旅游目的地项目。

藏马山芳香生态农业景区里芳香植物公园以香花香草香树为特色景观,绿化配置结合现状,因地制宜,适地适树,以大面积黑松、板栗为主调树种,上面搭配火炬树、红栌、石楠、红枫等,彩色乔、灌木下面种植杜鹃花、猫薄荷、百里香等地被植物,力求质朴、自然、亲切,达到错落有致,层次分明,红、黄、绿相间,香气缭绕的效果。

结合不同区域景观特点,充分利用地形高差,采用颜色丰富、香气宜人的薰衣草、鼠尾草、柳叶马鞭草、千日红、金盏花、香雪球、罗勒等种类进行大地艺术造景。

绿化设计中,采用多种芳香地被植物香蜂花、牛至、百里香、薄荷与果树林相搭配,梯田护坡、田边路角广泛栽种的处理方式,营造出典雅、自然的环境氛围,并防止水土流失。

在藏马山田园欢乐谷设有薰衣草花田、甘菊茶园、藿香园、牡丹园、玫瑰谷、罗勒宫、金花坡,形成"香草专类园";在藏马山养生养老中心设有五彩林、松涛崖、丁香村、美人坡、流苏海、紫薇岭等"芳香保健绿地"。

藏马山农业旅游景区以香草产业化项目做支撑,是中科院植物所芳香植物试验推广示范基地。如今已种植香花香草1000亩,其中薰衣草500亩,去年已提炼出自己的薰衣草、洋甘菊等精油,产品供不应求。今年计划种植香草3000亩,明年还会进一步扩大规模。青岛市市长等领导多次到现场视察,2011年已被列为青岛市重点农业旅游项目。藏马山农业旅游景区预定2013年5月开业。

以健康、美丽、浪漫为主题的疗养文化和浪漫文化,是藏马山芳香旅游的文化主题。以藏马山香花香草为特色的大地艺术和香花香草材料组成以下特色旅游产品和招牌旅游项目。

(1)香花香草温泉浴。浴池周围都种上香花香草,例如玫瑰池周围种上玫瑰,薰衣草池周围种上薰衣草,金盏菊池周围种上金盏菊。温泉池里也撒满相应的香花香草,藏马山温泉完全使用藏马山的芳香植物及精油作为SPA的主要原料,健康、美丽、浪漫。

(2)香草情调香吧。藏马山温泉设有香草水吧、香熏氧吧,出售各式香草洋酒、各种花草茶、各种香草西饼、香草冰淇淋等,是年

图片来源:北京紫海香堤香草艺术庄园

图12 洋甘菊

图片来源：北京紫海香堤香草艺术庄园

图13 金盏菊

轻人向往的地方。

（3）香熏客房。藏马山温泉宾馆每个房间插在花瓶里和撒在床上、浴缸、卫生间的玫瑰花瓣，都从玫瑰园采摘运来。客房都可根据客人的嗜好专门配制不同的香水和香熏洗漱用品。至于大厅、走廊等公共空间，则选用各种香料，然后通过送风口向外散播香气。

（4）异地蜜月游。以甜蜜、浪漫、私密为三大理念，异地新人在藏马山旅游结婚，可享受三日完美新人套餐：游览大片薰衣草花田，观赏芳香植物公园，沿途拍摄不同造型的实景浪漫婚纱照。此套餐中还包含双人顶级SPA水疗护理，然后在小教堂或露天观景台举办西式浪漫婚礼，吃香草婚宴，入住香熏新婚套房。

（5）各种香草节。随着每种香草生长季节不同，便以2~3个月为一个活动季，例如5月玫瑰节，7月薰衣草节，9月到12月则是迷迭香节。节日期间，庄园将举办文艺节目表演、诗歌比赛、情歌大赛及各种选美活动。

4. 关于中国香草旅游发展的思考

（1）香草旅游需要香草产业化项目做支撑，才能做大做强，香草产业链蕴含了相当广泛的专业内容，涉及多个领域学科和深厚的文化内涵，需要多方面专业人士参与和操作，香草产业链的形成尤其需要政府大力推动及政策、资金的大力支持，古老的香草文化更需要文人雅士们揭开她神秘的面纱。

（2）中国香草产业的发展应科技先行，北京优先发展芳香产业总部经济，建议北京建立一个大型香草主题园区，其中设芳香植物种子资源库园区、国际芳香植物园和香草产业标准化示范基地、香草产业技术学院、香博园、香草产品大集市、高端芳香保健疗养院、芳香疗法培训学院、香草创意文化中心、香道文化体验馆等。

（3）全国香草产业化运作模式为公司加农户，做大做强；各省本土芳香植物种子资源开发、保护和国内外优良品种引进同步；香草植物种植、加工要突出区域特色，做专做精；芳香生态景区建设和城市香化工程多采用本土芳香植物，适当引进外来品种，例如山东平阴玫瑰，应学习"保加利亚玫瑰谷"，把本地玫瑰产业和文化都做出自己的特色。

（4）芳香保健项目突出精油与中医药互补作用，同时古老的芳香疗法应与现代医疗高科技手段相结合，例如"香薰火疗"、"基因芳疗"等创意保健疗法。

（5）各地小香草园要独具特色，要像相洙香草乐园那样：从小做大，做强，做专做精，坚持多年耕耘，做出自己的品牌。例如紫海香堤香草艺术庄园，以浪漫爱情文化为特色，可进一步开发"爱情三花茶"、"勿忘我香包香囊"、"蜜月香草餐"、"蜜月精油套装"、"蜜月SPA套装"等产品，总之，把香草爱情文化做到极致。

（6）各地大规模香草产业化基地要找到本地适合的品种，把产业做大做强，创出品牌，更要宣传一种充满文化内涵与创意的新型生活方式。例如青岛藏马山，应借鉴"世界香水之都"——格拉斯小镇，把精油产品做精，突出自己的香薰文化，建成中国的香薰之都。

总之香草产品和旅游产品都要不断创新，丰富多彩，渐向高端；全国各地香草行业协会，乡村旅游协会都可组织策划各类香草旅游活动，各地香草园香草基地可联动营销，共同打造中国香草之旅。

香草——健康、美丽、财富、浪漫、典雅，香草旅游——创意农业的奇葩！

参考文献：

[1]江燕，章银柯，应求是. 我国芳香植物资源、开发应用现状及其利用对策[J]. 中国林副特产，2007.(5).

[2]白红彤. 香遍中国[J]. 森林与人类，2006(11).

[3]殷倩，俞益武，薛丹，衷建国. 芳香植物研究概况和景观应用展望[J]. 农业科技与信息(现代园林)，2011（10）.

[4]刘志强，屠苏莉，黄勇. 华东地区芳香植物及其园林应用[J]. 苏州科技学院学报（工程技术版），2004（1）.

[5]王有江. 香草指南[M].中国气象出版社，2001.

[6]派翠西亚·戴维斯. 芳香大百科[M].李清芳泽.世茂出版社，2000.

Regional Agriculture Development Driven by Creative Agriculture: Case Study of Liaocheng Creative Gourd Farm

创意农业带动区域特色农业发展：以聊城创意葫芦产业为例

文/白春明 吕福堂 李琳娜 王荣娟

【摘 要】

为了促进地区农业产业结构调整，发挥区域资源优势，利用创意农业的发展理念带动地区特色农业发展，本文以山东省聊城市东昌府区创意葫芦产业为例，对创意农业的发展模式和问题进行探讨，并提出相应的对策建议。

【关键词】

创意农业；特色农业；工艺葫芦；聊城

【作者简介】

白春明	中国农业大学农业规划科学研究所副总规划师，从事农业规划和农业经济相关研究
吕福堂	聊城大学农学院
李琳娜	山东省聊城市农业委员会
王荣娟	山东省德州市夏津县蔬菜局

注：本文图片全部由作者提供

图1 各式各样的葫芦加工产品

自20世纪90年代末到本世纪初,创意产业逐渐成为发达国家或地区经济发展的重要动力,更被认为是发展中国家实现经济转型和跨越式发展的重要战略[1]。英国"创意经济之父"约翰·霍金斯在其著作《创意经济》中指出,全球文化创意产业每天创造220亿美元产值,并以每年5%左右的速度递增。

近年来,我国部分地区立足区域资源比较优势,抓住新阶段农业结构战略性调整的机遇,结合创意产业的理念,大力发展创意农业,经济效益快速增长,并成为区域农村经济的重要支柱和出口创汇的重要产品。本文将以山东省聊城市东昌府区创意葫芦产业为例,对创意农业带动区域特色农业产业发展的理念和模式进行重点探讨。

1. 创意农业的概念与发展现状

1.1 创意农业的概念

目前国内的学者分别从狭义和广义两个角度对创意农业进行了定义。狭义的概念认为,创意农业是指对农业生产经营的过程、形式、工具、方法、产品进行创意和设计,进而创造财富和增加就业机会的活动[2]。该定义强调了创业农副产品和农业园区的规划、设计,是对产业链条中的具体环节进行创意。广义的概念则是由厉无畏结合创意产业定义提出的,认为创意农业应该是一种创新的农业发展模式,是通过构筑多层次的全景产业链,通过创意把文化艺术活动、农业技术、农副产品和农耕活动以及市场需求有机结合起来,形成彼此良性互动的产业价值体系,进而为农业和农村的发展开辟全新的空间,并实现产业价值的最大化[1]。

创意农业的特点是:紧密结合文化与科技、重新整合区域特色资源、全面融合一、二、三产业、创造高附加值和高收益、促进农民就业增收。

1.2 国外创意农业的发展现状

国外发展创意产业的时间较早,创意农业也受其影响得到迅速发展。欧美发达国家的创意农业在理论和实践上都有了长足发展,主要表现在提高农业产品品质、开发农产品非农价值、拓展农业多功能性等方面,如荷兰鲜花产业、以色列的节水农业、法国都市农业、美国农场文化等。日本、新加坡等亚洲国家创意农业主要是延长农业产业链条,发展近郊都市农业,如日本的家庭园艺产业、新加坡的精细农业等。

1.3 国内创意农业的发展现状

虽然国内创意农业理论的研究刚刚起步,但是国内很多地区已有大量的创意农业的摸索和实践。北京市各种农业创意活动,如南瓜主题公园、玉米迷宫、都市田园等休闲旅游体验性的活动已逐渐被人们熟知;上海市马陆葡萄园、成都市"五朵金花"等依托农业载体开展休闲旅游活动的项目也为都市增添了无限的乐趣。

由于创意农业缺乏成熟理论的指导,仍有很多薄弱环节。突出问题包括:生产规模小,产品类型单一,总量偏小,产业链条短,规模化和集约化程度不高;技术含量低,相关的科研投入和技术储备不足,优种率低,生产加工工艺落后;缺乏行业标准和监管机制,制约了创意农产品的品质管理和市场规范;市场发育滞后,创意农产品的优质优价难以充分实现;创意农业企业实力有限,高层次创意和管理专业人才紧缺[1]。

2. 东昌府区及创意葫芦产业发展概况

2.1 东昌府区及创意葫芦产业发展概况

聊城市东昌府区是山东西部、中原一带和京九沿线人流、物流、信息流的一大集散中心,不仅起着辐射带动鲁西经济发展的龙头作用,而且是山东省与山西、河北、河南等内陆省份进行交流与合作的主要地区。

聊城工艺葫芦历史悠久,用料考究,立意新颖,构图饱满,刻工纯熟,线条流畅,内容丰富,唐宋时期在京津一带颇有盛名。工艺葫芦原为椭圆型,通过削花、雕刻、刺孔等工艺加工,制成工艺葫芦,可供观赏。工艺葫芦品种多样,有雕刻、彩绘、烙花、粘接;图案有《八仙过海》、《西游记》、《水浒传》、《仕女图》、《红楼梦》以及花鸟鱼虫等[3]。按照品类、形状和大小,有的葫芦被民间艺人制作成高档的烙画葫芦、雕刻葫芦、片花葫芦,成为特色旅游商品;有的被做成葫芦符、葫芦丝、葫芦花瓶;

图2 葫芦艺人进行产品加工

有的葫芦被做成特色的餐具，既绿色天然又装饰了餐桌[4]。

目前，东昌府区葫芦种植面积近万亩，年产葫芦6000多万个，占全国份额的50%，销售额近3亿元[4][5]。东昌府区葫芦种植基地主要集中在堂邑镇、梁水镇、闫寺办事处等乡镇、办事处，在外地开发的种植基地主要集中在新疆等地区。

其中，堂邑镇葫芦种植面积近8000亩，年生产雕刻葫芦4000多万个，销售额过亿元，每年可为群众增加收入6000多万元。东昌府区的工艺葫芦加工销售企业有360余家，加工产品量占全国的60%以上，年销售额近3亿元，主要生产加工企业有堂邑聊城第一村工艺葫芦制品厂、东昌府区福禄缘有限公司、东昌府区避疫葫芦厂等。东昌府区的工艺葫芦不但销往全国各地，而且出口到日本、韩国、英国、美国、加拿大等10多个国家。

2.2 东昌府区发展创意葫芦产业的优势与机遇

2.2.1 历史悠久，气候条件适宜

山东省聊城市东昌府区位于黄河下游的鲁西平原。蜿蜒30多公里的马颊河提供了充足的水源，加之当地适于葫芦生长的独特土壤和适宜气候环境，在历史上东昌府区就以盛产质量上乘的葫芦而闻名。东昌府的葫芦表面光洁、润滑、色泽优雅，肉质肥厚，非常适宜进行雕刻加工。明清时期，东昌府濒临京杭大运河，是鲁西的政治、经济、文化枢纽，商贾云集，繁盛一时，当时的雕刻葫芦曾一度是运河两岸农家生产的重要商品，随运河远销全国各地。

2.2.2 基础雄厚，形成产业雏形

目前东昌府区的雕刻葫芦近万亩产地主要以堂邑镇为中心，辐射周边梁水镇、闫寺、柳林、桑阿镇、辛集乡等乡镇，年产葫芦6000余万个，雕刻烙画葫芦4000多万个，且每年种植规模和工艺葫芦产品数量均在增大，产业雏形初步形成。山东蓬莱、济南、河北邯郸、河南濮阳、辽宁葫芦岛、甘肃兰州等地的葫芦种植户、加工户纷纷加入东昌葫芦产业协会，东昌府区葫芦产业的行业聚合力初步呈现。

2.2.3 政府支持，产业多元发展

东昌府区工艺葫芦是山东省最具代表性的特色文化产业，是山东省文化产业示范基地。2007年，东昌府区的葫芦雕刻艺术被选入国家级非物质文化遗产名录；2008年，东昌府区被命名为"中国雕刻葫芦文化艺术之乡"。"工艺葫芦种质资源保护与新品种选育"于2008年由政府投资20余万元，立项为山东省农业良种工程重点课题。2010年7月，东昌府区的创意葫芦也被上海的经销商成功地在世博会上展览。

聊城市高度重视葫芦产业的发展，将其作为文化产业发展的重点领域，制定出台了葫芦产业发展规划，提出了打造"中国葫芦之都"和"世界葫芦之都"的中长远发展目标。2007~2012年，聊城市政府连续六年举办中国江北水城(聊城)葫芦文化艺术节，先后与日本、美国等葫芦协会建立交流合作关系，扩大了东昌府区创意葫芦产业的知名度和影响力。

2.3 东昌府区发展创意葫芦产业的问题及挑战

虽然东昌府区葫芦种植面积近万亩，年产葫芦6000多万个，加工工艺葫芦4000多万个，但是在整个创意葫芦产业链上仍存在着几方面的问题：①在种植环节，由于葫芦品种单一、农户种植技术不成熟，导致葫芦成品品相难以有质的提升，价格也处于"高高低低"的水平（价格高的很高，数量很少，低的低，数量较大）。②在加工环节，首先，进行工艺葫芦成品加工的企业数量虽有80多家，但是企业规模较小，基本处于家庭作坊式的起步阶段，管理人才匮乏，导致市场运作能力低和推广影响力弱；其次，企业形象均未形成或者都以"东昌葫芦"的形象出现，导致市场对地域性的品牌产生怀疑，不利于地区创意产业的长远发展；第三，企业间的加工产品未形成一定的评级标准和产品体系，多数仍按照客户的订单及需求进行生产。③进行工艺品加工的多是传统老艺人和上年纪的老人，文化创意人才和技术人才缺乏，技术创新和产品创新后继乏人。④由于没有龙头企业引领行业，销售环节缺位，生产的工艺品多数由全国各地的客户订购批发，没有直接与消费者对接，无法享受产品最终的定价话语权。

3 创意农业促进县域经济发展的对策与借鉴意义

鉴于东昌府区葫芦种植已初具规模、创意葫芦产业也稍有雏形，且市、区各级政府极其重视，农民发展意愿强烈，内外部形势与条件较好，为了使东昌府区创意葫芦产业更好更快的发展，笔者针对以上的问题提出以下五条建议供决策者参考。

3.1 丰富品种完善技术，扩大创意葫芦的产业规模

虽然文化创意产业主要是卖设计、卖理念、卖精神、卖心理享受、卖增值服务[1]，但是丰富葫芦品种、完善种植加工技术是整个创意葫芦产业发展的关键环节。只有借助科研单位进行国内外优新品种的引进、培育、驯化、筛选，选育出适合东昌府区种植的品种，并形成品种的多样化和丰富化，才能为规模化生产的工艺产品加工企业提供源源不断的原材料，才能为创意工作者提供更大的发挥空间。

图3 生长中的葫芦

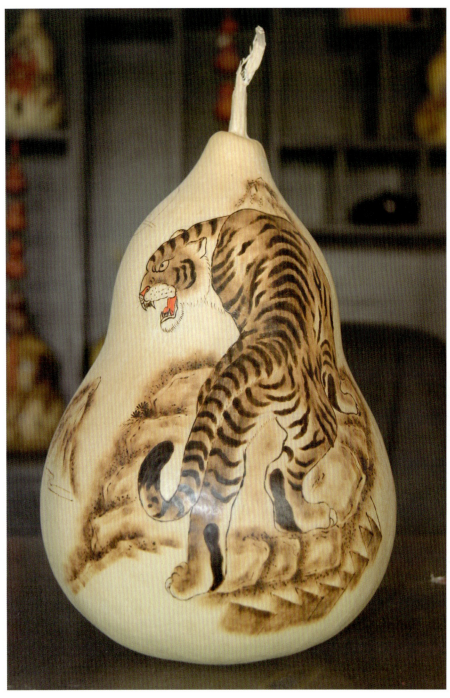

图4 葫芦加工产品

通过聊城市农业主管部门与中国农业大学、山东农业大学、山东农科院、聊城大学农学院等科研部门联合对葫芦规模化种植管理技术进行研究探索，在选育优良品种的基础上，简化总结耕作管理技术操作难度，形成相对完善的技术规范或者种植管理技术规程，为葫芦种植户提供技术支持和指导。同时，与农业院校定向联合培养创意人才，培训具有发展潜力的现代新型农民，培养年轻一代加入到葫芦的文化创意产业中来，利用新鲜血液增加产业的活力和奋进意识。创意葫芦产业的发展靠创意阶层，靠创意群体的高文化、高技术、高管理和新经济的"杂交"优势。创新和创意是文化创意产业的灵魂。

3.2 吸收现代创意元素，拓展创意葫芦的产品多样性

聊城工艺葫芦品种多样，有雕刻、彩绘、烙花、粘接等，但是图案多为《八仙过海》、《西游记》、《水浒传》、《仕女图》、《红楼梦》以及花鸟鱼虫等传统画面。如果聊城工艺葫芦积极吸收现代创意元素，与相关科研机构联合对葫芦产品进行研究开发，葫芦相关衍生产品的开发也是大有可为的。比如从品种上着手，开发小型盆栽葫芦，供市民在阳台上栽种，营造家庭园艺景观；从葫芦用途着手，开发葫芦茶具、香水瓶、花瓶、果盘、提篮等，为人们

居家添加丰富的饰品和环保的用具；从衍生用途上，可以设计精美的工艺葫芦包装，既可以成为具有浓郁地域特色的商品，也可以丰富地域系列产品文化内涵；从文化创意的角度，更可以通过创作与葫芦相关的动漫、卡通作品，挖掘葫芦民间故事，做大与葫芦相关的文化创意产业。

3.3 开拓国内外高端市场，"内引外联"发展创意农业

现在聊城工艺葫芦销售市场偏重于国内低端客户，外部主要表现为低端市场大，高端市场小；国内市场大，国际市场小。开拓国内外市场可以通过"内引品种技术、外联高端市场"，增加葫芦种植品种、创新葫芦系列产品、改进工艺葫芦品相、扩大中华葫芦文化的宣传、提高市场占有率等方式逐步完成聊城创意葫芦产业品牌的建设和完善。

具体而言，一方面巩固完善工艺葫芦产品的传统做工，提高效率，丰富工艺葫芦产品，研究开发高端葫芦工艺品，开拓高端市场；另一方面引进国外的独特品种和种植管理技术，提高工艺葫芦产品的商品率，满足不同国度和不同消费档次的客户，同时与充满现代气息的高低端消费客户形成共振；第三，积极与国际客户进行联合，宣传中华葫芦文化，引导国际客户理解中华文化，并积极理解国外客户的当地风俗，研制开发适合当地的工艺产品，增加工艺葫芦的出口量。

3.4 完善创意农业园区，扩大东昌工艺葫芦的知名度

聊城市姜堤乐园内的百亩葫芦园引进试种了国内外近百个品种，成立了姜堤生态葫芦生产有限公司和神州葫芦研究所，兴建了弘扬中华葫芦文化的葫芦博物馆，初步形成了集研发、种植、观赏、工艺加工及销售于一体的葫芦文化旅游生态园。葫芦文化旅游生态园的建立为聊城市民及来聊游客了解葫芦文化提供了良好的条件，但是工艺葫芦加工的主产地相对园区较远，无法直接为葫芦种植地农户进

图5 手捻葫芦

行指导，并产生效益。同时，园区内应尽可能地搜集国内外关于葫芦的素材，包括图片、实物、影像等资料，丰富园区葫芦文化的内涵，让人们在享受葫芦文化、感受葫芦文化魅力的同时，扩大园区的品牌认知，增加知名度，提升葫芦产业的文化韵味。

3.5 培养产供销企业龙头，加快创意葫芦产业发展速度

聊城市东昌府区葫芦种植基地作为国内产量最大的产区，工艺葫芦量也占到国内三分之二，但是有些工艺葫芦是代加工，被客户购买后进行再销售，进入市场的价格远高于加工价格，效益被批发商和经销商占去大部分。本地企业规模小，多数以"农户种植+企业作坊式加工"模式为主，产业链前端的种子种苗环节和后端的产品研发销售环节极少涉足，也没有足够的精力和财力开展相关的业务。在创意葫芦产业发展到一定阶段，现有的企业势必发生兼并扩张，扩大再生产的现象，但是这种发展趋势受市场及外部影响极大，且过程漫长。如果政府主管部门能够有意识的培养相应的管理人才和潜力企业，扶持组建起横跨"种子-种植-研发-加工-销售"等多个环节的企业龙头，就会使创意葫芦产业的发展速度大幅提高，不但能增加农民收入、扶植创意农业产业，而且能有效促进现代新农村建设，加速农业现代化进程。

4. 结语

创意农业的发展离不开当地历史文化传统的挖掘继承和现代科学技术的创新支持，这是山东省聊城市东昌府区创意葫芦产业能从国内多个葫芦主产区中脱颖而出的关键。一个地区独具特色的创意农业成为引领行业发展、带动农民致富的产业不是一朝一夕、一劳永逸的事情，它是一项长期持续研究投入的永久事业[5][6]，这也是东昌府区创意葫芦产业给其他地区创意农业带动特色农业产业化发展带来的启示。

参考文献：

[1]厉无畏,王慧敏.创意农业的发展理念与模式研究[J].农业经济问题,2009,（2）:11-15.

[2]秦向阳,王爱玲.创意农业的概念、类型和特征[J].中国农学通报,2007,(10):29-32.

[3]刘锡诚,游琪.葫芦与象征[M].北京:商务印书馆,2001.

[4]葫芦肚里有乾坤——山东聊城东昌府葫芦文化节印象[N].农民日报第四版，2010,10（1）.

[5] 李军,第六届葫芦文化艺术节开幕[N].齐鲁晚报，2012（10）.http://epaper.qlwb.com.cn/qlwb/content/20120929/PageL01TB.htm.

[6]厉无畏.发展创意农业，推进社会主义新农村建设[EB/OL].人民网,2008,(4):1-3.http://cppcc.people.com.cn/GB/34961/120830/120952/7151773.html.

Sustainable Development vs. Retreat Centre Planning: A Case Study of Quannan International Retreat Centre, Jiangxi

可持续发展理论与静养中心规划：
以江西全南国际静养中心策划为例

文/李方悦 戴 亮 张 凡

【摘 要】

随着科技的进步以及以科技为基础的工业产业的飞速发展，人类的经济发展迎来了前所未有的辉煌，但我们的生存环境面临着越来越严重的恶化，环境问题已经成为全球性问题而引起人们的反思。在这个背景下，以"持续"与"发展"为核心理念的可持续发展理论兴起。新的时代下，任何建设项目都不应该脱离这个理论，以它为指导并切实地通过建设来主动地缓解人与自然的关系，期望得到一种持续发展的前景，成为低碳经济时代项目建设的最高诉求。

【关键词】

可持续发展；静养中心；旅游规划

【作者简介】

李方悦　奥雅设计集团董事，总经理

戴　亮　奥雅设计集团生态工程师及项目经理

张　凡　奥雅设计集团市场经理

1. 何谓"可持续发展理论"

1.1 可持续发展理论产生的背景

人类社会的发展史实际上也是一部生产力的发展史。在某个历史阶段下，人类社会的文明程度与当时生产力的发展状况唇齿相依。正因为如此，在以科技为原始驱动力和基础的工业产业发展以来，人类社会的发展取得了前所未有的辉煌。无论是从经济上、文化上还是政治上，人类的社会得到了之前所有社会形态下都从未有过的进步。但是，科学技术带来财富与突飞猛进的发展速度的同时，也为我们的生存环境引来了一场浩劫。工业产业的发展是以疯狂地攫取自然资源为代价的，同时，我们赖以生存的自然环境也出现了之前所有社会形态下都不曾出现过的危机，并且这种危机席卷了地球上的各个角落而成为一种全球性危机。概括地说，目前我们大致上面临人口激增、环境污染、粮食短缺、能源紧张、资源破坏等五大问题，它们彼此联系、相互影响而产生出一种令人难以预计的效应，我们的发展前景和人类后代的生存状况着实令人担忧！

在这样一种背景下，对之前发展模式的反思已经刻不容缓，新的发展理念也将应运而生。罗马俱乐部早在1972年的《增长的极限》中认为经济增长已临近自然生态极限，单纯注重经济增长将无可回避地导致贫富悬殊、人际失衡和生态无序等"全球性问题"。迈尔斯在《人的发展与社会指标》一书中指出：以人为中心的社会发展是有利于社会各成员的人的发展，强调社会平等、国际平等、关心未来和注重现在四个方面。紧随着工业文明而至的全球生态危机，标志着人类的生存发展已经不能单纯依靠土地种植和挖掘地球资源来维持，为了人类的生存和发展，人类必须制止或逆转生态环境的退化，以人与自然统一的生态和谐发展为核心的新发展观——可持续发展观逐渐兴起。

可见，可持续发展理论是顺应历史潮流的科学的发展理论，也正是因为人们对于改善自身生存环境的渴望，建筑领域、城市规划领域乃至于景观设计领域都将这个理论作为终极的设计理念标杆，低碳经济时代的到来更是人们渴望改善生态环境、改变发展策略这种诉求的结果。可持续发展理论应用的广泛程度，将决定我们的发展前景是否光明。

1.2 可持续发展理论的由来及含义

其实，中国传统文化中对待自然界的态度一直是努力地维持一种和谐共生的状态，"可持续"这个概念在我国源远流长。春秋时的孔圣人就有"钓而不纲，弋不射宿"的言论。纲者，即以大绳属网，绝流而渔者也；弋者，以生丝系矢而射也；宿者，即宿鸟。孔圣人认为，钓鱼而不用渔网，射鸟而不用带丝线的弓箭射杀宿鸟(夜晚睡觉的鸟)，既利用自然资源(不得已而钓、弋)，又保护自然资源，不一网打尽。此外，另有洪氏如此解释孔子的言论："孔子少贫贱，为养与祭，或不得已而钓弋，如猎较是也。然尽物取之，出其不意，亦不为也。此可见仁人之本心矣。"孔子这种对待自然界的态度成为中国文化中讲究天人合一思想的核心。除孔子外，其儒家思想的发扬者孟子也有云："不违农时，谷不可胜食也；数罟不入洿池，鱼鳖不可胜食也；斧斤以时入山林，材木不可胜用也。"《吕氏春秋》云："竭泽而渔，岂不获得？而明年无鱼。焚薮而田，岂不获得？而明年无兽。诈伪之道，虽今偷可，后将无复，非长术也。焉有一时之务先百世之利者乎？"这些言论概括起来无非是说农、桑、渔、猎等当时社会的一系列生产活动都要维持一个"度"，这个"度"其实就是指给自然界以时机来恢复与休养生息，凡事不可绝。人类生产行为的"绝"，也会导致自身生存的绝。

近代，西方也有学者譬如李嘉图、马尔萨斯等在其著作中指出人类的经济活动范围存在着被生态限制的边界，处理不好人与自然的关系，掌握不住这个"度"，人类的发展就无从谈起，甚至生存也会面临危机。

综上所述，这些先哲们的思想和理念其实都构成了"可持续发展理论"的理论基础，而"可持续发展"这个概念最早是在1978年的国际环境和发展委员会(WCED)于文件中正式提出来的。1987年在布伦特兰报告《我们共同的未来》(Our Common Future)发表之后，"可持续发展"才被当做一种新的发展理论对世界各国的发展策略以及发展思想产生重大影响。1992年6月，里约热内卢举行了"联合国环境与发展大会"(UNCED)，堪称人类有史以来最大的一次关于讨论环境与发展之间关系的国际会议，此次大会最有意义的成果是《地球宪章》和《21世纪议程》两个纲领性的文件，标志着可持续发展从理论探讨走向了实际行动。

《布伦特兰报告》中对"可持续发展"理论的含义是这样界定的："可持续发展是既满足当代人的需要，又不对后代满足其需要的能力构成危害的发展"。该定义目前是影响最大、流传最广的定义，包含了可持续发展的公平性原则(fairness)、持续性原则(sustainable)、共同性原则(common)；强调了两个基本观点，一是人类要发展，尤其是穷人要发展；二是发展有限度，不能危及后代人的生存和发展。这一表述实际上已进一步地成为了一种国际通行的对可持续发展概念的解释，既实现经济发展的目标，又实现人类赖以生存的、自然资源与环境的和谐，使子孙后代安居乐业得以永续发展。

《地球宪章》在此基础之上对"可持续发展"有了更深入地阐释："人类应享有与自然和谐的方式过健康而富有成果的生活的权利。此权利必须实现。"它强调了四个原则：第一，公平性原则。这里指的公平性包括代际公平、代内公平、资源利用和发展机会的公平等方面。实现"代际公平"的核心问题是如何使自然资源的拥有量相对稳定在某一水平上；"代内公平"指当代人享有平等的发展机会，人类在享有地球资源的权利上是人人平等的。第二，协调性原则。要求人们根据生态系统持续性的条件和限制因子调整自己的生活方式和对资源的要求,经济和社会的发展不能超越资源和环境的承载能力。第三,质量原则。可持续发展更强调经济发展的质,要以尽可能低的资源代价去达到提高人民生活质量的目的,还要提高经济运行的效率。第四,发展原则。发展是可持续发展的核心,必须通过发展来提高当代人福利水平,必须具有长远发展眼光。

2. 可持续发展理论的应用原则

对于可持续发展理论的提出,《布伦特兰报告》及《地球宪章》可以说是纲领性的文件。前者强调了两个基本观点,后者阐述了四个发展原则,他们共同形成了可持续发展理论的应用原则。在城市规划领域,旅游产业项目如果得到合理的规划设计,那么这个产业本身对促进区域可持续发展具有不凡的作用,旅游产业大多数是基于当地的自然资源、环境资源以及人文资源。开发得当的话不仅仅可以吸引游客、带动资金流通、优化资源配置,还可以带动其他产业的发展进而形成一系列良性循环的产业链,保护当地既有的自然、生态环境。毕竟对于很多有旅游特色的区域来说,自然、生态环境本身就是他们具有的优势,保留下来才可以谈如何继续发展。

旅游项目的规划、策划自然应当以"可持续发展"理论为终极理念,才可以成为成功的项目,不但为一方水土带来经济效益,更重要的是带来了长远发展的前景。奥雅设计集团凭借多年旅游项目规划、策划的经验,依托"可持续发展"理论,总结出了三大可持续的发展策略:其一、景观环境可持续发展策略;其二、地区经济可持续发展策略;其三、社会文化可持续发展策略,这三大策略相辅相成,彼此联系,对于构建以旅游产业为基础的一系列良性循环的产业链有积极的作用。首先,任何区域要开发旅游资源必须深入挖掘当地既有的资源,一来降低了引进资源而带来的成本,二来很好地保留了区域内应该保留的地域特色和文化个性。其次,任何项目的开发都必须注重增加当地的经济效益,但是并不是

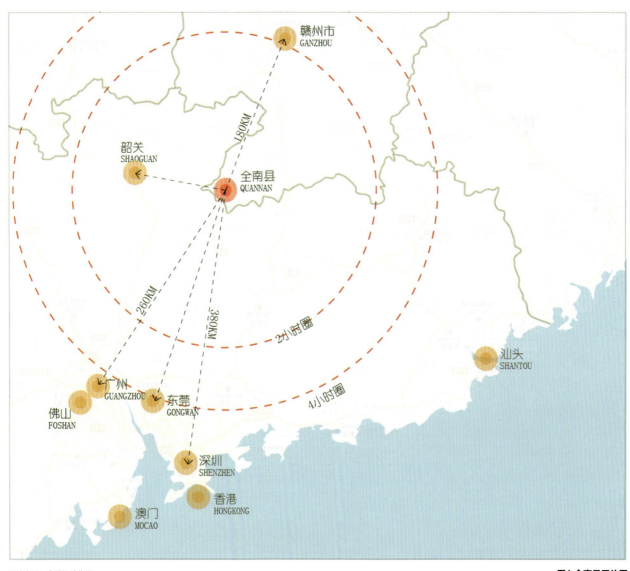

图片来源:奥雅设计集团

图1 全南县区位图

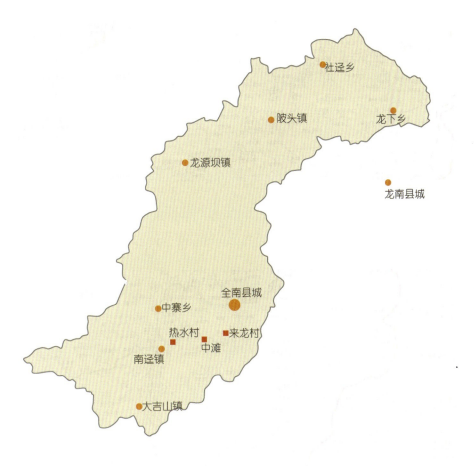

图片来源：奥雅设计集团　　　　　　　　　　　　　　　图2 全南县区版图

图片来源：www.googlemap.com　　　　　　　　　　　图3 项目基地位置图

近年来，都市生活节奏愈来愈快，人们的精神世界得不到与物质生活相称的充实。在这样的背景下，静养中心这个类别的旅游项目越来越受人们瞩目，一来都市人越来越向往回归大自然；二来静养中心这一类的旅游项目以独具的自然、人文环境特色而备受关注。本文将以奥雅设计集团"江西全南国际静养中心项目策划"为例，探讨可持续发展理论及三大发展策略是如何在这一类的旅游项目策划中得以体现的。

3. 以可持续发展思想为指导的三大发展战略的应用实例分析

在静养中心这类的旅游项目策划中，前期最为重要的是以可持续发展理论为依据，深入理解和挖掘项目所在区域的区位条件、自然条件、社会条件以及场地特征。这些都是因地制宜，遵循三大发展策略制定可持续发展路线的首要前提。

3.1 全南县区域研究

3.1.1 项目所在区域的区位研究

全南县地处江西省最南端，素有"江西南大门"之称，深入广东腹地与翁源、连平、始兴、南雄四个县（市）交界，60%的边界与广东接壤。县城处于105国道与106国道、赣粤高速与京珠高速的公路连接线上，距离赣州180km，距离广州260km，距离东莞320km，距离深圳380km。2009年10月开工建设的大广国家高速公路途经县内，通车后的全南县已然融入了珠三角两小时交通圈。可见，全南县从区位上来看处于使江西省融入泛珠三角经济圈及承接沿海产业转移的重要位置，可谓是前沿阵地，不仅具有先天的良好经济基础，也具有便利的交通，这一切都为静养中心旅游规划项目提供了有利条件。

3.1.2 项目所在区域的自然条件研究

全南县属于亚热带季风型气候区，四季分明，日照较少，雨量充沛。县内平均气温为

唯经济效益是图，而是达到一种经济效益、自然环境与人文环境相协调进而得以共同发展并良性循环的目的。第三，环境、经济与文化三者密不可分，没有经济的扶持，环境保护得不到切实的落实；没有文化作为底蕴，整个项目会失去光泽而不具备任何吸引力；没有良好的环境，无法开发和持续地发展，项目也无法将区域内具有鲜明地域特色的文化广泛地传播开来，恢复与保护区域内的自然环境是开发旅游项目的前提。

图片来源:www.jxqnw.com
图4 全南县县城风光

图5 全南县乡村风光（戴亮 摄）

图6 全南县自然环境1（戴亮 摄）

图7 全南县自然环境2（戴亮 摄）

18.6℃，最热的七月份平均气温为27℃，最冷的一月份平均气温为8.6℃。平均降水量为1709.5mm，属于赣南多雨区。全南县年平均日照实时数为1554.3小时，日照百分率35%，属赣南日照偏少的县之一。年平均风速为1.3m/s，月平均风速为1.2~1.5m/s，夏季盛行西南风，冬季多东北风，平均无霜期达296天。由此可见，全南县气候温润，寒时不至于刺骨，暑时不至于酷热，有着天然的开发静养休闲中心旅游项目的气候条件。

全南县地貌以山地、丘陵为主，多是山间谷地、河谷地，区域内低丘岗、岗地相互交错，地势总体来说较为平坦，县内有桃江、黄田江流经。山丘之间夹有小块河谷平原，为耕地之所在，平均海拔360米的平坦地势上拥有山林191万亩，森林覆盖率达到了81.78%，成为南方48个重点林业县之一。水域面积为48.83平方公里，主要为桃江、黄田江和湖泊水库。植被丰茂、水流蜿蜒，具有国家保护树种16种，野生动物众多，鸟兽鱼虫应有尽有，而孕育这一切都要归结为清澈的水源，全南县水质优良，部分水质达到Ⅱ类。除此之外，空气负离子含量高，清新、舒适，这些都构成了全南县开发优质静养休闲中心项目的先天条件，极适宜进行有益的休闲、保健、康体等为主题的旅游活动。静养中心旅游项目的开发如果遵循可持续发展理论和三大发展策略，不仅使得这些天然优质的自然资源得以发挥效用，而且还能带动产业链形成，促进经济效益提升，达到以旅游促经济、以经济护环境再以环境提升旅游品质的良好循环。

3.1.3 项目所在区域的经济条件分析

全南县经济在过去十年来总体保持增长的趋势，人均GDP增长迅速，历年平均增长率保持在10%左右。当地农业以蔬菜、果业为支柱产业，特色农业产品有高山蔬菜、西瓜、椪柑、脐橙、板栗、荸荠、香菇、笋干、生丝以及兰花等，这些产品被远销至粤、港、澳地区及北京、上海等全国一线大都市和东南亚各国，这些成绩都使全南县成为江西省重点蚕桑和椪柑生产基地。

基于当地优质、丰富的矿藏，工业在全县

图8 全南县自然环境3（戴亮 摄）

图9 全南县自然环境4（戴亮 摄）

图10 全南县自然环境5（戴亮 摄）

国民经济的主体地位也日益突出，已然成为全县经济发展的重要支撑力量。目前，全南县具备一定的产业配套能力并初步形成了矿产加工、纺织服装、机械电子和生态农林等产业集群。

综上所述，这些都构成了全南县开发优质旅游产业的经济基础，并且，基于工业产业的存在，自然环境势必会有所影响。开发以自然生态特色为主要吸引力的静养休闲中心，不仅有利于将已有的经济集群扩大，形成多元产业的格局，而且也有利于依靠旅游产业的可持续发展来传播保护环境的意识以及带动其他产业走可持续发展的路子。

3.1.4 项目所在区域的社会条件研究

（1）城市发展定位研究

根据《江西省全南县城市总体规划（2008-2030）》，全南县的城市发展定位为赣粤边际新兴工业明珠及山水园林城市。赣粤边境城市在泛珠三角中属于后进地区，但是也同样在产业转移的新形势下迎来了发展机遇。全南县作为赣粤边境相机的门户城市，在赣粤边境有着独具的发展优势，近年来工业的飞速发展已经为之成为新兴工业城市奠定了基础和积累了实力。正因为工业的发展到了一定的程度，维护环境、开发旅游产业，走可持续的发展路线迎来了良好的时机。与此同时，作为具有独特山水格局的城市，在工业化的发展中保持自身已有的自然风貌，平衡好环境保护与发展之间的关系，打造山水园林的城市特色，改善工贸居住发展的软实力，实现全南县宜商宜居的绿色工贸城镇特色已经刻不容缓了。

（2）人口状况及民俗文化研究

全南县城市非农人口35754人，城镇化水平为48.21%。1997年至2007年，全南县城城市化水平增长缓慢，处于城市化中期阶段。该地区作为赣南地区客家文化的发源地之一，

图11 高新生物产业（戴亮 摄）

图12 红豆杉培育基地（戴亮 摄）

图13 传统农业（戴亮 摄）

图14 传统渔业（戴亮 摄）

形成了一种以汉族传统文化为主体，融合畲、瑶等土著文化的多元的文化格局，包括：姓氏文化、方言文化、民居文化、风水文化、饮食文化、农耕文化、民俗文化。客家的民俗文化更是以一种古朴并充满浓郁乡土气息的淳朴而让世人瞩目，民间文艺丰富多彩，如客家山歌、赣南茶戏等。除此之外，全南县也有瑶族的分布，进而形成丰富多样的语言文化、节庆文化等。这种多民族在保持个性的基础上融合共处的文化格局，成为了全南县独具魅力的文化特色，这对开发静养休闲中心等旅游产业奠定了文化基础，也使得社会文化可持续发展策略得以有效实施和应用。

3.1.5 小结

综合以上四点来看，全南县的优势一目了然。概括起来有以下几点：

（1）先天的区位优势。全南县地处三省边境，位于江西省最南端，邻近经济发达的广东省，还位于珠江三角核心区域的有效辐射地带。这为旅游产业的可持续发展提供了良好的经济基础以及充裕的旅客流量基础。

（2）先天的自然资源、人文资源优势。全南县拥有丰富的山地资源、水利资源、矿产资源、人力资源以及多元格局的文化资源，不仅风光秀美、气候温润舒适，而且还人文韵味十足。得天独厚的自然条件是开发静养休闲中心旅游项目的前提条件，丰富多样的文化格局是提升静养休闲中心旅游项目品质的重要元素。

（3）大力的政策支持。国家的十一五规划中，全南县一直致力于努力拓展特色农业和招商引资，并且大力扶持新型服务业。这一切都促使旅游产业成为当地凝聚各种产业的纽带，形成可持续发展的良性循环的产业链。

虽然全南县目前仍然具有电力、供水、交通等基础设施不完善的问题，但是如果合理开发、妥善建设，旅游产业规划合理，这一切问题都可以因为旅游产业在此处长远地发展而被逐渐地解决，最大限度利用当地现有资源并将它们最优化地配置，是走可持续发展路线必须要考虑的问题。

图15 山林地（戴亮 摄）

3.2 依据可持续发展理论和项目区域全方位研究，制定可持续发展策略

可持续发展理论的发展原则无论对大至城市战略化发展还是对小至项目合理性推进的基本原则和方向都能起到科学的指导作用。针对旅游产业项目的开发和建设，基本上可以把可持续发展理论具象化为三大发展策略。

3.2.1 环境持续发展策略

针对全南县独有的特点，综合考虑水资源环境和生态环境系统，建设可持续发展的旅游项目必须首先考虑解决自然资源保护性地开发，这是静养中心旅游产业的核心亮点，也是不得不去着手解决的问题。否则一切的开发与建设都没有任何意义，对于旅游产业而言，没了环境就是没了一切！

鉴于该项目所在区域的场地特性，需要通过人工湿地系统、生态水岸以及植被的人工培植和栽种等方式来达到环境可持续发展的目标。

基于前文所述对于全南县自然条件的研究，特为全南县制定如下的发展策略。

（1）自然资源开发和使用策略。在本案的项目场地中主要用地属性和自然资源包括山林地、河道/水库、农作物种植用地、水果种植用地、温泉等。

山林地：山林地是项目场地中主要的组成元素，山林地也分为国家保护林地和集体林地，我们希望最大限度地保护场地中的林地资源，在必要的地区按照旅游线路的设计方案设置山林间的漫步道，漫步道采用自然材料铺设，例如木材、石材、卵石等，漫步道涉及的区域，成株将被移植到其他种植区域，杂木和小型灌木将有选择的清除（杂木可转化为铺装材料使用），并在漫步道周边补种具有观赏性的灌木和小型乔木，以人工和自然植物打造充满野趣的林间漫步道。

河道/水库：贯穿全南县的桃江是项目场地中最主要的水资源，桃江从热水村流经中滩，再通过一座小型水电站到达来龙村。水资源是我们项目中核心的景观资源，良好的水质和优美的水景能提升项目的整体品质。因此，对于桃江的水资源我们建议采取积极有效的保护措施，严格控制上游的水质，希望联合政府职能机构对上游的污水排放口进行统一检测和管理，并对在桃江非法挖沙的个人或企业行为予以取缔，同时分段设置拦污网，定期对

图16 水道/水库（戴亮 摄）

图17 粮食种植（戴亮 摄）

图18 脐橙种植园（戴亮 摄）

图19 温泉资源（戴亮 摄）

河道进行人工清洁，从而彻底杜绝可能的水质污染。

农作物种植用地：项目场地中的农作物种植用地主要分布在热水村和来龙村，原有的种植区域地势平坦、土壤肥沃，可以作为生态芳香植物的种植基地。我们希望将原有农作物种植用地进行优化和分类，针对不同的土壤和土质合理安排植物种类。

水果种植用地：中滩地区一些较平滑的山坡和半山坪有少量水果种植用地，这些地区是在自然山坡长期开垦而成，但是由于大多是个人开垦行为，该区域地形较为复杂。我们建议利用这些较平整场地来打造中滩地区的静养别墅区和台地玫瑰花种植培育基地。场地中原有的果树成株将会被移植至基地中，经过修剪成为特别的景观元素。

温泉：温泉资源作为静养中心主打元素，在本案中具有举足轻重的作用。现有的温泉资源位于热水村及周边区域，其资源并没有被完全开发，只是被当地居民用作日常热水使用。我们希望能将热水村及周边区域的温泉资源通过新建管道引流到位于中滩的静养中心，并以天然温泉和芳香植物产品作为主要元素，打造世界级的专业SPA及香熏瑜伽会所。

（2）废弃物管理策略。把废弃物变为宝贵的资源，这不仅仅是一个地区、一个城市、一个国家所关注的问题，它是全世界所有国家一直以来共同研究和努力的方向。本案中，废弃物管理的策略主要针对项目场地内运营出现的废弃物和非本项目场地内部（周边地区）的废弃物。我们希望采取以下措施：

①推行废弃物产生源头控制。项目建造中尽可能使用生态、可再生建筑材料，减少建筑垃圾产生量和建筑材料污染。

②经营中，尽可能地采用天然物料，减少使用临时性、一次性用品，减少塑料制品的使用，杜绝白色污染。

③对污水的净化和循环，杜绝生活和生产产生的污水直接排放到湖里。

④推行废弃物分类收集控制。项目运营中推行废弃物分类收集控制，按照国际惯例将

常规生产和生活废弃物分成四类：可循环废弃物、不可循环废弃物、电池和玻璃制品。废弃物分类收集不但能够增强民众的环保意识，同时还能促进循环产业经济的发展。

⑤在项目场地以及周边地区加强环境保护宣传，增加民众对环境问题的重视，自发自觉地地参与到环境保护的活动中。

（3）自然环境综合保护策略

项目区域范围内的自然环境将主要针对自然河道和山林。对于自然河道的保护策略主要为以下几方面：

①严格控制上游的水质环境，控制污水直接排放，建立防污网。

②坚决杜绝在河道内的非法挖沙行为。

③在河流的弯道进行人工驳岸加固，减少水土流失现象。

④定期对河道进行定点水质监测。

⑤对场地内原生植物进行统计和归类。

⑥原有水生/湿生植物区可人工增加种植面积，并培育相应的沿岸湿生植物，固防河堤。

⑦扩展局部水面，形成局部特色水体景观。

⑧有选择的保留中滩地区水质和生态良好的池塘，构建不同风格的水景。

对于自然山林的保护策略主要为以下几方面：

①对项目范围内的山林进行分类和统计，对于具有特殊保护意义的林地进行护栏隔离保护。

②对于必要的景观林带移种和补种更具有景观效果的观花和观叶树种。

③加强对山林地中野生动物保护，并有针对性地营造野生动物栖息繁殖地。

④林区内严格执行国家林业相关规定，严禁非法砍伐和破坏树木及其他植被。

⑤对于必要场地进行小范围的地形平整，更好地为景观和项目开展服务。

⑥增强对当地居民和游人的林木保护宣传和引导。

（4）气候策略

微气候对该地区的影响是不可忽视的，为了更好保护和提高项目场地及周边生态环境，则需要全局考虑整个地区的自然环境和

图片来源：全南县人民政府提供　　　　　　图20 全南瑶族风情

图片来源：全南县人民政府提供　　　　　　图21 全南端午节赛龙舟

图22 瑶寨宗祠（戴亮 摄）

图23 民俗——"抬头见棺"（戴亮 摄）

周边县城环境状况。气候策略主要为以下几个方面：

①改善地块内的能源结构、提高能源利用率、减少能造成温室效应的气体的排放。

②推广新兴的生态建筑材料，从而改善建筑的热完整性，并制定相应条款来控制建筑材料的使用；借助项目场地内的水体、湿地、人工补种林地等绿色空间，为该区域近一步的增加氧气和负氧离子量供应、调节小区域的温湿度，并起到更好的净化空气的作用。

③合理地安排场地内建筑物的布局，利用风作为基础动力将热气从建筑区带走，提供更绿色、更舒适的居住和修养环境。

（5）生物多样性策略

人并不是唯一生活在这片土地上的生物，人如何做好所在生态体系中的一份子，不影响其他动植物的生存和繁衍，并能改善其他生物的生长环境，是每个现代人所必须思考和努力的事情。我们必须根据区域内的自然资源，合理而科学地进行空间分类，以现状环境为基础，为动植物预留出足够的生活和繁殖场所，提高这些空间的环境质量，为其他生物也打造出理想的家园。

同时，我们需要全区位的考虑，将其他生物的生存活动区域和当地人类的居住活动区结合起来，在提高人类的生活环境质量的同时也提供了其他生物的生存空间，更好地体现出人与其他生物和谐共生的良好生活模式。

在进行环境改善、生态系统建设的同时，我们也必须提高全体公民对生物多样性的认识和了解，让所有人都能自觉地做到尊重和保护其他生物、与其他生物共享同一个地球。

3.2.2 经济可持续发展策略

如前所述，三大发展策略中，环境发展为首要，它是维系其他两个方面能否遵循可持续发展原则的基础。而经济是建设、开发以及保护环境的基础，经济的可持续发展可以有效地起到保护环境、支持环保技术开发等作用。

（1）制定与当地经济发展和环境发展策略相一致的项目推广策略，使得项目建成后最大限度地促进区域经济的发展，并且带动其他的产业集群。

（2）大力发展环保产业，在经济上要支持环保产业的发展与普及，环保产业的发展利于环保技术的完善，环保技术的完善有利于整个项目能够长远有序地发展下去。

（3）革新与推广具有当地特色的商品生产行业和服务行业。这两种产业对自然资源的依赖度不高，对环境的破坏小，大力发展可以转移经济重心，给被工业破坏的自然资源得以休养生息的时间。

（4）加强该地区基础设施的建设或改善，发展以天然的自然资源为基础的、以当地本就具有的文化韵味为主导的旅游产业。静养中心类的旅游产业项目，大多数都是以这两者为核心和基础的。

（5）加强和周边经济发展区域的合作与联系，形成良性发展的产业链。对于全南县而言，它有着先天的优势，与周边区域的良好合作有利于在旅游产业开发前期为后续的发展

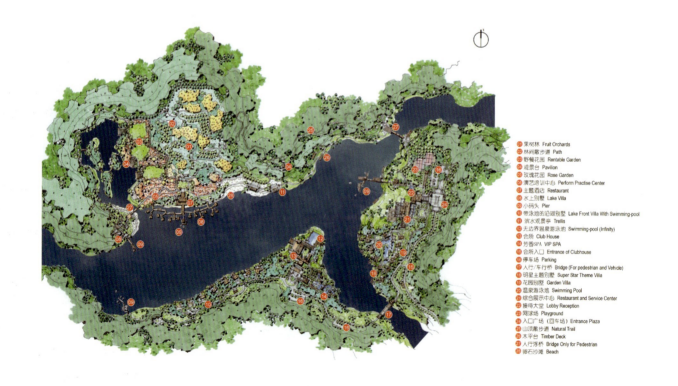

图片来源：奥雅设计集团

图24 全南国际静养中心项目策划总平面图

积累良好的基础。

（6）鼓励并推动"绿色建筑"、资源循环产业和新能源技术的发展，将有限的资金投入到这些技术的开发中，获得的将是长远的甚至无限的发展前景，这才是可持续发展理论的精妙所在。重要的是经济发展理念上的变革。

（7）加大环保公交系统的建设与投入，在民众中普及环保理念和低碳经济时代的新思想。

（8）推广绿色环保加工生产工艺，将浪费与污染控制在自然界得以有效恢复的程度。

3.2.3 社会文化可持续发展策略

旅游产业的开发不同于其他产业，它对文化的依赖程度要高一些，全南县除了具有秀美的自然风光外，还具有极为鲜明的文化特征，这两点如能很好地结合起来，将是一种可以无限循环发展下去的产业模式。

（1）努力形成具有前瞻性和科学性的领导、管理机构、管理模式以及各部门之间的通力合作。

（2）利用当地特有的文化和历史积淀，采用可叙述的表现手法，为该地区打造具有当地特色的旅游主题和景点。

（3）就地取用美丽的自然生态环境，加以微量地改善和修整，为该地区人们以及外来游客的生活以及休闲服务。

（4）增强当地地域文化特色的表现，不仅仅局限于景点的营造、民族风情的展示，要提供一个互动平台加强当地土著文化和外来游客的交流，这样可以最大限度地发挥人文资源的效用，吸引越来越多的游客来这里体验样风情。

（5）旅游产业项目的开发与建设可以使该地区产业实现多元化，旅游产业的发展不仅仅会带动其他产业并形成产业链还会为当地居民提供更多的就业岗位，切实地提高收入。

（6）对外，旅游产业将该地区的文化特色传播出去，对内，也可以提高该地区的文明程度和居民的文化水平。旅游产业可以促进区域内和区域外的交流，但是要注意引导，力求将好的、积极的东西在交互中发扬出来。

3.2.4 小结

综上所述，可持续发展理论最核心的理论点概括起来就是三位一体，即环境、经济和社会文化三者统一有序地共同发展，互为依托、互相促进，理解它们之间的关系才可以将这个理论有效地应用于实际项目的实施上。

4. 结语

江西省全南县，自身拥有着先天良好的自然资源，使她"天生丽质"，在营造景观方面并不需要花大价钱打造什么赢人眼球的东西，天然的就是最美丽的景观。除此之外，在拥有较为良好的经济基础之上，还有着极具地域个性魅力的民族文化，特别是多民族融合的文化格局，这些都是开发静养旅游项目最为珍贵的元素。可持续发展理论最精华的含义无非就是把握一个度，让项目的建设不因眼前的蝇头小利而牺牲环境以至于酿成不可恢复或者珍贵的美景不可再现的悲剧，在旅游项目的开发建设中，很多开发者不能很深入地理解环境、经济与社会文化之间的紧密联系，只是单独、片面地以追求经济效益为最终目标，往往得不偿失。通过理解可持续发展理论后而得出的三大旅游产业发展策略无疑具有广泛的应用意义，绝不仅仅止步于以自然资源和人文资源为基础的旅游产业的开发与建设，还可以被广泛地应用于城市设计与城市化进程的反思中。低碳经济时代，我们需要明白，地球不仅仅是属于活在当下的我们，还属于活在未来的子孙后代！

参考文献：

[1] Dennis L. 增长的极限[M]. 机械工业出版社, 2006.

[2] 伊恩·迈尔斯. 人的发展与社会指标 [M].重庆大学出版社, 1992.

[3] Gro Harlem Brundtland. 我们共同的未来[R]. 吉林人民出版社,1991.

[4] UNCED.地球宪章[R]. Rio de Janeiro . UNCED. 1992.

[5] UNCED.21世纪议程[R]. Rio de Janeiro . UNCED. 1992.

[6] 华南理工大学建筑设计研究院. 江西省全南县城市总体规划（2008-2030）.江西省全南县人民政府, 2010.

Innovation in Creative Agriculture Development: Planning for Dalian Creative Agriculture Exposition Park

创意农业发展模式创新：大连创意农业博览城规划

文/李 蓓

【摘 要】
本文首先从理论层面提出了创意农业的概念以及目前国际上主要创意农业的发展模式类型，在此基础上提出创意农业发展新模式——创意农业博览城模式。文章以大连农业创意博览城规划成果作为案例，先宏观从大连创意农业博览城的创新理念、创意表达、发展模式三方面进行总体概述，再从场地情况微观阐述了该案例的空间结构和主要项目设置。

【关键词】
创意农业；模式；创意农业博览城

【作者简介】
李 蓓 北京大地风景旅游景观规划院项目经理、高级规划师

注：全文图片均由北京大地风景旅游景观规划院提供

1. 创意农业概述

1.1 创意农业的产生

随着创意产业理念在英国、澳大利亚等国家和地区形成并在全球扩展，20世纪90年代后期，由于农业技术的创新发展，以及农业功能的拓展，观光农业、休闲农业、精致农业和生态农业相继发展起来。目前普遍认为英国是创意农业最先产生的国家，而我国的创意农业也于21世纪初在发达省、直辖市起步并逐步发展起来，同时国内学者围绕创意农业的定位从不同角度进行了界定。

1.2 创意农业的概念

在我国创意农业一词最早由全国政协副主席厉无畏在2008年两会上第一次提出，他认为创意农业的特色及其优势在于能够构筑多层次的全景产业链，通过创意把文化艺术活动、农业技术、农副产品和农耕活动，以及市场需求有机结合起来，形成彼此良性互动的产业价值体系，为农业和农村的发展开辟全新的空间，实现产业价值的最大化。秦向阳（2007）认为创意农业是指对农业生产经营的过程、形式、工具、方法、产品进行创意和设计，从而创造财富和增加就业机会的活动的总称。冯建国（2010）认为创意农业指在现代农业特别是都市型现代农业生产过程中，人们为了很好地实现都市型现代农业的生产、生活、生态的"三生"目标，必须在充分的现代技术和装备的支撑下，再用文学创造审美意境的手法，也就是文化创意产业的方法，来对待、完成农业生产的全过程。王爱玲（2010）认为创意农业是指利用农村的生产、生活、生态的"三生"资源，发挥创意、创新构思，研发设计出具有独特性的创意农产品或活动，以提升现代农业的价值与产值，创造出新的、优质的农产品和农村消费市场与旅游市场。王银芹（2010）认为创意农业是指通过创意思维，将农业生产、农村生活、农村生态等资源要素重新组合，或将这些要素与工业、科技、艺术、民俗文化等其他要素重新组合形成全新农业产品或产品链，实现农业生产生活全部环节市场化及其价值增值的农业开发模式。章继刚（2010）认为创意农业是以增加农产品附加值为目标，在农产品研发、生产、加工、营销、服务过程中，以及在农业节庆活动、农业总部经济活动中进行生产创意、生活创意、产业创意、品牌创意和景观创意，通过创造农民独特增收模式，促进社会主义新农村建设，以实现农业增产、农民增收、农村增美的新型农业生产方式和生活方式。刘军（2011）认为创意农业是指以农村的生产、生活、生态等"三生"资源为基础，以农业产业为核心，对农业的产前、产中、产后等环节中的农业生产经营过程、形式、环境、工具、模式、方法、技术、产业、产品等通过科技、文化、生产、生活、生态、品牌、景观创意等途径进行创新性设计，从而大幅度提高其效益，实现农业增产与增值、农民增收的新型产业[1]。

本研究认为：创意农业以地域农业资源为依托，以旅游市场为导向，以科技为支撑，通过对文化创意产业与传统农业有效对接，以农业生产、加工、销售、服务等环节为对象，实现创意理念、农业科技、社会功能完美融合，使农业各环节联结为完整的产业链条，形成彼此良性互动的产业价值体系，同时衍生出创意农产品、农业文化、农业活动、农业景观等产品，来不断满足城市居民日益增长的消费需求，最终实现本地经济增收。

2. 创意农业主要发展模式

根据世界不同国家农业发展背景、居民需求导向的不同，创意农业目前主要包括以下类型：

2.1 高科技引领型——创意主题园

以创意主题园为表现形式的高科技引领型创意农业主要以荷兰为代表，荷兰在发达的设施农业、精细农业基础上，集约生产高附加值的温室作物和园艺作物，拥有完整的创意农业生产体系。特别是在花卉业的科研上发展十分突出，花卉业的发展战略以技术为中心，发展高新技术产品，占领技术制高点。随着高科技技术向农业产业的渗透，20世纪70年代后，荷兰农场数量减少了1/4，同期玻璃温室的面积却增加了91%；一些传统农场逐渐转型，引进温室技术，温室农场平均面积从3664m^2扩大到9495m^2。此外，随着科技的发展，创意农业有了更广阔的外延，世界上许多发达国家也通过科技手段实现农业创意产业。比如著名英国伊甸园是世界上最大的单体温室，也是高科技引领创意农业的代表作。

2.2 乡村休闲型——创意农场

乡村休闲型创意农业主要代表是日本和中国台湾，而表现形式主要以创意农场为主，这种类型的创意农业发展重点是设施农业、加工农业、观光休闲农业以及多样化农业，重点开发农业的绿色、环保、体验、休闲和示范功能，多以蔬菜、水果、农作物等多品种生产为主，细节设计十分到位，并强调本土文化的渗透，与世界其他国家或地区相比，日本和中国台湾创意农业的乡村感更为突出，并且已与休闲度假良好嫁接，目前已发展成为较为成熟的创意农业休闲度假目的地。典型代表如日本北海道富田农场、台湾宜兰香格里拉休闲农场。

2.3 居民生活服务型——市民农园/休闲农庄

居民生活服务型创意农业主要以德国为代表，20世纪90年代以来，德国政府在倡导环保的同时，大力发展创意农业，休闲农庄和市民农园在此背景下应运而生。

市民农园利用城市或近邻区之农地、规划成小块出租给市民，承租者可在农地上种花、草、蔬菜、果树等或经营家庭农艺。通过亲身耕种，市民可以享受回归自然以及田园生活的乐趣。休闲农庄主要建在林区或草原地带。从宏观来看，市民农园促进了农业在都市的保存与发展，使农业不因都市建设范围的扩大而萎缩，同时市民农园的存在，增加了城市的绿地面积，改善了生态环境，而且，它还发挥着社区活性化作用，为市民的交流与沟通提供了园地；从微观来看其功能主要包括市民体验农耕乐趣、提供健康食物、开展休闲社交、美化绿色环境、为退休人员或老年人提供消磨时间的场所。

2.4 生态环保型——城市景观/儿童教育基地

生态环保型创意农业发展以法国为代表，其中巴黎的创意农业突破了自给自足的生产，而突出农业的生态功能，利用农业把高速公路、工厂等有污染的地区和居民分隔开来，营造宁静、清洁的生活环境，利用农业作为城市景观，种植新鲜的水果、蔬菜、花卉等居民需要的产品，有的作为市民运动休闲的场所，还有的作为青少年的教育基地。

3. 创意农业博览城模式的提出

从以上论述不难看出，目前国际上创意农业发展模式主要在农产品的生产、加工以及景观利用上做文章，虽然创意农业融入了创意产业的概念，应用了高科技和各种模式的创新，然而不能忽略的一点是，以上所列举的发展模式对于产业链的延伸略显局限，我们应该意识到，创意农业无论如何进行创意生产与表达，其本质还是要考虑农产品的销售问题，广泛而有效的销售途径决定其是否能够成为最后的赢家。基于这个方面的考虑，本研究提出一种行之有效的运营方式来解决这个至关重要的问题，创意农业博览城的概念应运而生。

创意农业博览城是指在一定的范围内以特色农业作物为基础，进行生产技术、农业景观、加工过程及农产品的展示并借助会议活动拓展销售渠道、传播品牌的创意农业新模式。其功能包括农产品生产、销售、展示、休闲、度假、节事、会议等，一般分为以农业博览中心为地标建筑的博览区、种植区、加工区、服务区四大功能分区。

4. 大连创意农业博览城规划案例

4.1 场地概况

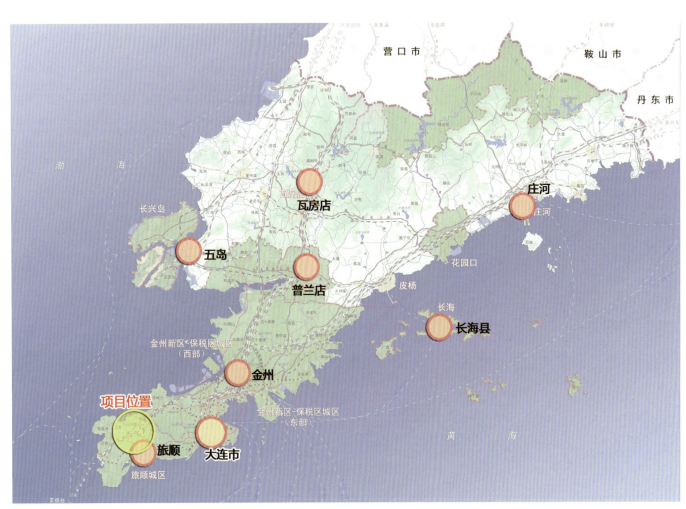

图1 大连创意农业博览城项目区位

本项目位于大连市旅顺口区三涧堡街道洪家村，该村三面环山，一面临海，所处位置北纬38°57′~39°7′，东经120°12′~121°16′，年平均温度10~12℃（图1）。项目总占地面积约5700亩，其中建设用地1600亩。

4.2 土地利用现状

场地土地现状主要包括村镇居住用地、村镇企业用地、温室农用地、一般农用地、小学用地、铁路用地、道路用地和水域9种用地类型（图2）。其中以一般农用地为主，占地块总面积的53.6%，其次为温室农用地（20.4%），由此可见，农用地为项目场地内的主要用地类型占到74%，根据本土气候类型、农业产业基础及未来开发意向，种植蝴蝶兰等特色花卉植物的可能性较大。

4.3 总体定位

大连创意农业博览城规划中提出，未来将其打造成全国首个创意休闲农业博览城、全国第一个农业产业型国家级旅游度假区、国家级现代农业产业示范园区，同时也是创意农业旅游综合体。

4.4 空间结构

根据地块场地特征、交通格局、用地现状，规划提出"一带·三区"的空间发展格局（图3）。

4.4.1 一带：生态景观带

沿路生态景观带紧邻旅顺北路东侧，长3340m，宽150m，总面积50.1hm²。该景观带主要功能包括未来大连—旅顺轻轨用地、

图2 大连创意农业博览城土地利用现状

隔离轻轨、绿化带景观展现等功能。

4.4.2 三区之创意农业体验区

创意农业体验区位于沿路生态景观带以东，该区是整个片区的核心发展区，也是旅游服务功能的集中区。在生态环境上是创意农业的核心诠释区，在功能上该板块集农业体验、商业、旅游、度假于一体。该片区由三大部分组成，一是融合游客休闲、观光、度假、商业、住宿等多种功能的旅游小镇；二是以国际风情为格调，以创意农业为载体以博览设施为中心的特色创意农业体验区；三是针对大连市居民打造的创意农业主题的儿童农场。

4.4.3 三区之智能温室区

智能温室区位于烟大铁路西侧，以四大特色农业产业作物等现代化科技型设施农业为基底，配套发展农产品深加工、出售等产业，未来成为生产、加工、销售一体化发展，融入观光体验等功能的创意农业产业示范区。

4.4.4 三区之农业生态示范社区

农业生态示范社区位于场地最南端，以生态理念贯穿始终该区主要承担居民安置、城市居民度假、商业零售、社区服务等功能的生态型健康度假区。

4.5 主要内容

依托地块资源基础、国际创意农业市场诉求，六大项目构成大连创意农业博览城项目体系，分别是：国际创意农业博览中心、温室世界、鲜花小镇、万国农庄、欢乐农场、生态家园（图4）。

4.5.1 国际创意农业博览中心

国际创意农业博览中心位于地块中心区域，为大连创意农业博览城核心功能区。以中心区位辐射周边万国庄园、宝贝农场、智能温室区和农业示范生态社区，功能聚集，服务全区。以标志性建筑+水景景观作为整体创意，打造创意农业博览城之心。该项目的创意亮点在建筑上注重建筑创意构思，以能反映本土特色风格为最佳，打造为地块地标性建筑。水系与其他地块水系连通，形成"活水"，根据该项目所在地地势较低的地形，形成人工湖景观，与主体建筑交相辉映。其功能业态包含会议、会展、博览、商贸交易、酒店住宿等。建设内容包括旅顺国际博览中心、五星级酒店、农业信息研发中心、农

图3 大连创意农业博览城功能分区

图4 大连创意农业博览城总平面图

专教学基地、辽南大樱桃交易中心等。

4.5.2 智能温室区——温室世界

温室世界位于项目地的东部，为项目农业产业化生产基地，以国内外的先进科技为主要手段，以观光旅游为延展功能，以游客体验为特色项目，是集植物产业化种植、产业观光、植物深加工体验、产品交易等功能于一体的综合温室生产区。该区域秉承的理念为产业科技种植与观光旅游结合、产品深加工与观光体验结合以及生产环节与贸易环节零距离三大理念，包括特色产业种植区、产品深加工区、产品展示及贸易区、创意农业房车基地等建设内容。

4.5.3 万国农庄

万国农庄位于项目地的西部，在入口大门的北部，紧邻入口服务区。秉承"世界农业，精华展现，农业产业，国际合作，异域农情，深度体验，创意农舍，高端休闲"的发展理念，种植世界部分国家具有代表性的农业植物，为世界特色农业体验与产业展示窗口，该板块将植物的展示与其产地国家紧密相连，起到通过展示宣传国家农业产业的作用；同时通过植物的创意种植，在万国农庄构建具有异域风情的高端休闲场所。本区域是融合观光、体验、休闲度假、产业展示等多种功能于一体的综合农业旅游区域。项目内容包括反应以色列农业特色的沙漠中的基布兹、美国蔓越莓农场宝石农田、韩国高丽参农庄福寿参田、新西兰奇异果种植园奇异农田以及荷兰郁金香农园恋人花田。

4.5.4 鲜花小镇

鲜花小镇位于项目地的最北端，以鲜花主题贯穿小镇，集聚特色餐饮、休闲度假、创意体验、商贸交易等多种功能的旅游综合服务区。发展理念"注重生态，贴合自然，花卉文化，贯穿始终"，同时打造迷你小镇凸显异国情调，并且专注细节，处处形成看点。

4.5.5 欢乐农场

欢乐农场位于项目地主入口的南端，和入口服务区相对，针对家庭亲子市场打造，以农业文化为主题，集儿童游乐、农事体验、科普教育于一体的娱乐综合体验区。主要项目包括农场嘉年华、宝贝农场、水上乐园。

4.5.6 农业生态示范社区

农业生态示范社区位于地块南部片区，以可持续发展理念贯穿始终、寻求自然、建筑、人三者的和谐统一，在创意农业主题下依托自然环境，结合创意设计，打造舒适、健康、高效、美观的农业生态示范社区。功能业态包括当地居民安置住宅、精品酒店、商业零售、休闲娱乐、商业住宅、养老住宅、学校、幼儿园等配套型商业业态。功能板块包括居民安置区、中心商业区、养老度假区。

5. 创意农业博览城模式要素总结

5.1 创新理念

创意农业博览城着重体现农业的创新，主要体现在产业模式、博览模式、社区模式以及休闲模式四个方面，具体如下：

5.1.1 创新农业产业模式——基地生产+深加工+商贸交易

创意农业博览城模式依托一定的农业基础（大田、温室等形式均可），对基地农产品进行深加工，辅以参观体验，对农业产品进行展销和交易的同时寻求产业延伸机会，构建从生产到博览到销售的一条龙产业模式，实现基地生产、深加工与商贸交易的良好嫁接。

5.1.2 创新农业博览模式——农业博览+休闲体验

创新传统农业博览以观光农业为主的博览形式，引入休闲农业体验产品，实现纯观光农业向休闲体验型农业的功能转变，真正意义上创新农业博览模式。

5.1.3 创新度假社区模式——国际风情+高品质度假

针对国内旅游业发展正由观光向度假转变的实情，一定的度假设施建设是十分必要的，创意农业博览城模式坚持度假区和规划区域内社区一体化发展模式，达成旅游开发与地产建设双向并轨，力求度假设施与创意休闲农业的和谐统一，将异域的民居、民俗、民风构建成为旅游体验的载体，创新现代度假社区模式。

5.1.4 创意旅游综合体模式——创意农业内核+综合性配套设施

以创意农业为该项目的主要创意路径，通过农业观光体验、博览会展双项驱动，打造以农业为主题的创意旅游吸引内核，环创意内核开发成为支撑性营收主要源泉，复合多功能商业形态，形成创意农业内核+综合开发的创意旅游综合体模式，该模式是提高边际效益的最佳途径。

5.2 创意表达方式

5.2.1 创意之一——全新创意设计

全新的创意设计，主要表现在建筑设计和景观设计上。场地内地标建筑、旅游服务区建筑通过大胆想象、创意设计打造，以创意奇特的外形吸引游客眼球，注重建筑细节的创意设计；在地块内景观设计上，突出别出心裁的装饰农业效果、创意雕塑、创意绿植景观、创意设施（如休息椅、垃圾桶、音响等），用艺术诠释人与植物的关系，成为一个农业艺术的殿堂。从而提升项目地的内涵，丰富景观的观赏性。

5.2.2 创意之二——更新创意产品

创意农业博览城打破传统主题园区旅游产品，创意旅游产品一般包括博览度假、生态餐饮、创意农业体验。创新旅游度假产品形式，农业博览与旅游度假并轨，商旅互助发展。生态餐饮以生态餐厅、生态食品、生态理念融合而打造的创意餐饮产品。创意农业体验，实现由观光向参与体验的实际过度，真正参与其中的农业体验。

5.2.3 创意之三——革新创意功能

创意亮点之三一改传统旅游景区吃、住、行、游、购、娱功能，全新导入体验、博览、交易等新型功能，实行旅游与农业并轨举措，实现本项目第三大创意点——旅游功能创意。

5.2.4 创意亮点之四——创新业态

在创意农业旅游综合体模式上创新业态形式，在全国范围内率先导入新兴业态形式——伴业态，使业态功能相互融合，由单一转向多元，突出趣味性、高效性、新奇性。伴业业态形式包括伴餐业态、伴宿业态、伴购业态等。

5.3 发展模式

5.3.1 第一阶段：创意核心吸引物，形成核心景区

以创意农业为创意路径打造创意核心吸引物，吸引物包括农业生产区和农业博览区两大极核，共同形成创意农业核心景区。

5.3.2 第二阶段：配套发展，形成创意农业主题度假区

围绕核心景区，综合配套休闲农业体验、农业博览、会议会展、商贸交易、服务体验、休闲度假等设施型项目，形成配套设施完备的综合性休闲度假区。

5.3.3 第三阶段：产业链延伸，多产业联动发展

培育形成具有核心竞争力和区域特色的产业，带动大片区的整体发展。

参考文献：

[1]刘军.创意休闲农业的渊源、特征及与休闲农业的区别[C].中国（宁国）休闲农业与魅力乡村发展论坛论文集,2011.

Grape-oriented Agriculture Chain Development Model: A Case Study of East Helanshan Mountain Grape Cultural Corridor, Ningxia

葡萄导向型全产业链发展模式：宁夏贺兰山东麓葡萄文化长廊规划

文 / 赵永忠 邓李娜 陈建业

【摘 要】

随着中国农业产业化大发展时代的到来，区别于西方以土地私有化为制度基础的农业市场化产业发展，国内以政府政策为主要推动力的区域规模化农业大开发逐渐兴起。在这样的大背景下，本文试图通过对国内外葡萄产业的发展状况对比，以"中国（宁夏）贺兰山东麓葡萄文化长廊"为核心研究案例，总结出区域化发展葡萄产业的全产业链发展模式。通过对葡萄全产业链的细分与综合发展提出了适合宁夏实际状况的发展模式，并通过系列运营与管理模式的构建推动这一模式的落地化开展，以期这样一个特殊的案例梳理出发展变化中的中国农业产业化的有益探索。

【关键词】

全产业链；葡萄产业；农业产业化；贺兰山东麓；宁夏葡萄

【作者简介】

赵永忠　北京大地风景旅游景观规划院高级规划师
邓李娜　北京大地风景旅游景观规划院项目经理
陈建业　北京大地风景旅游景观规划院景观规划师

注：图片均由北京大地风景旅游景观规划院提供

1. 中外葡萄产业发展现状

1.1 世界葡萄产业格局与趋势分析

据联合国粮农组织(FAO)2008年统计数据，世界葡萄种植总面积为740.8hm²，占世界水果种植总面积的12.3%，葡萄年总产量6770.9万t，占世界水果总产量的9.7%。世界上有90多个国家生产葡萄，大都分布在北纬30°~50°南纬20°~45°之间。

世界葡萄生产区域集中特征明显，欧洲是最大的葡萄主产区；亚洲（特别是中国）葡萄种植及产量的增长是世界葡萄产业增长的主要动力。世界前三的主产国占世界葡萄种植面积和产量的比例均在10%以上，世界前十的主产国占总面积的70.4%、占总产量的72.9%，其他众多国家占总面积和产量的比例均低于30%，可见世界葡萄主产国的集中优势特征非常明显，意大利、中国和美国是葡萄产量最大的3个国家。

全世界葡萄生产中约有80%用于酿酒，因此葡萄酒产业发展趋势在一定程度上也代表了葡萄产业发展趋势：

（1）葡萄种植总面积趋于稳定，葡萄酒产量缓慢上升，消费量将持续增长；

（2）世界葡萄酒市场供大于求状况仍将持续；

（3）新世界葡萄酒生产和消费量增长强劲；

（4）葡萄酒消费和生产逐渐趋于优质化、高端化；

（5）亚洲将成为葡萄酒消费增长最快的地区。

1.2 中国葡萄产业分析

目前我国葡萄的生产集中分布在胶东、西北、京津冀地区，其中山东、甘肃、宁夏、新疆、河北、北京和天津几个地区的葡萄面积和产量都占到全国的80%以上。

从地理环境及气候条件来进行对比分析，东部地区葡萄质量整体上要差于西部地区，从西部酿酒葡萄种植区的系统内比较看，自然条件最优越的首推西北地区的宁夏、甘肃产区，其次是新疆产区。

2. 中国（宁夏）贺兰山东麓葡萄文化长廊

2.1 葡萄产业发展基本状况

贺兰山东麓地处宁夏黄河冲积平原和贺兰山冲积扇之间，它西靠巍峨的贺兰山脉，东临黄河上游，北接古城银川，总面积20万hm²。

多年来，葡萄产业是宁夏农业发展的优势特色产业和自治区六大支柱产业之一，并初步形成了区域化布局、规模化经营、专业化生产的现代葡萄产业发展模式，也成为当地群众增收致富的主要渠道之一。

目前贺兰山东麓葡萄种植面积呈逐年递增趋势，2007年葡萄种植面积超过20万亩，截至2010年，宁夏有葡萄基地37.8万亩，其中酿酒葡萄基地32.4万亩，葡萄产量14.8万t，初步形成了以青铜峡市、银川市、

表1 世界葡萄主产国（前十）生产排名表

世界葡萄主产国（前十）2008年的种植面积及占世界总量的比例			世界葡萄主产国（前十）2008年的产量及占世界总量的比例		
主产国	面积（hm²）	占世界种植面积的比例（%）	主产国	产量(t)	占世界产量的比例（%）
西班牙	1200000	16.2	意大利	7793301	11.5
法国	813496	11.0	中国	7284656	10.8
意大利	770000	10.4	美国	6744840	10.0
土耳其	482789	6.5	西班牙	6053000	8.9
中国	438232	5.9	法国	5664195	8.4
美国	379360	5.1	土耳其	3918440	5.8
伊朗	315000	4.3	伊朗	2900000	4.3
葡萄牙	222700	3.0	阿根廷	2900000	4.3
阿根廷	220000	3.0	智利	2350000	3.5
罗马尼亚	194038	2.6	澳大利亚	1956790	2.9
智利	182000	2.5	南非	1791643	2.6
累计百分比		70.4	累计百分比		72.9

表2 世界葡萄主产国产量变化分析表

主产国名称	葡萄产量发展情况
意大利	稳居世界葡萄产量第一的宝座，但从2000年开始，其产量呈现大起大落的态势，虽然2002年、2003年有所增长，但是一直没有回到1996年的高峰状态
法国	与同属欧盟的意大利产量变化趋势相一致
西班牙	与同属欧盟的意大利产量变化趋势相一致
美国	产量起落也比较大
中国	世界葡萄主产国中越来越引人注目，1995年起中国的葡萄产量快速增长，2008产量达到728万t，是第二个产量超过700万t的国家，成为世界第二大葡萄主产国，产量仅次于意大利

表3 国内十大葡萄产区自然环境比较分析表

产区名称	昌黎产区	沙城产区	天津产区	贺兰山产区	胶东半岛产区
气候类型	半湿润大陆性气候	干燥的温带大陆性季风气候	半湿润大陆性气候	温带半干旱气候	渤海湾半湿润/暖温带季风大陆性气候
活动积温（℃）	2160	3532	2000~3000	3100~3500	>4000
日照（h）	2800	2900~2800		3000~3200	2700
降水（mm）	500~800	<400	500~600	150~200	500~700
土质	砾石和沙质地	河川沙壤土	稍黏重的滨海盐碱土壤	以灰钙土为主，沙砾结合型土	砂砾质土
酿酒葡萄品种	赤霞珠、美乐、霞多丽	龙眼、赤霞珠、霞多丽	玫瑰香、赤霞珠、霞多丽	赤霞珠、蛇龙珠、美乐、西拉、霞多丽	赤霞珠、蛇龙珠、霞多丽

产区名称	黄河故道产区	云南产区	河西走廊产区	东北产区	新疆产区
气候类型	暖温带半湿润气候	亚热带高原型季风气候/亚热带湿润气候	大陆性干旱气候	寒冷半湿润/湿润气候	温带干旱/半干旱区
活动积温（℃）	4000~5000	3000~5000	3000~3400	2567~2779	3500~5000
日照（h）			2730~3030		3200~3500
降水（mm）	600~900	500~800	<200	300~1000	50~300
土质				黑钙土	砾质土、沙壤土壤质土
酿酒葡萄品种	赤霞珠	玫瑰蜜、美乐、赤霞珠、毛葡萄	蛇龙珠、赤霞珠、黑比诺、美乐	山葡萄	赤霞珠、品丽珠、霞多丽、贵人香

国有农垦农场、红寺堡区四大葡萄产区的贺兰山东麓酿酒葡萄产业带。建成葡萄酒生产加工企业27家，加工能力达9.95万t，产值达11.5亿元。

"十二五"时期是转变经济发展方式、调整产业结构的关键时期，宁夏希望紧紧抓住国家深入实施西部大开发战略机遇，按照优良品种、高新技术、高端市场、高效益的发展思路来建设贺兰山东麓葡萄文化长廊。葡萄为导向的全产业链发展模式，主要围绕贺兰山东麓土地、光照等自然资源优势和沿线丰富的旅游资源为优势，大力发展葡萄产业，以及与其相关的体验经济、地产经济和文化旅游经济，通过文化打造、生态引领、产业推动，打造一个竞争力强、辐射面广、国内最大、全球知名的葡萄长廊文化生态经济带。

2.2 葡萄产业发展外围驱动因素

2.2.1 区位——世界酿酒葡萄优质产区

贺兰山东麓位于北纬37°43'~39°23'，东经105°45'~106°47'，被公认为是世界最适合葡萄栽培及葡萄酿酒的地区（北纬30°~45°）之一，地理区位十分优越。基地处于银川平原西部边缘，贺兰山屏障于西，黄河流经其东，形成"山河相拥，山川夹廊"的地理格局。位居山河之间的独特地理环境，成就了贺兰山东麓优质葡萄生产基地的产地优势。2003年，贺兰山东麓获得国家地理标志委员会的"葡萄酒国家地理标志产品"保护区认证，成为继河北昌黎、山东烟台之后，第三个获得葡萄酒原产地保护认证的产区。

2.2.2 交通——产业对外连通便捷

交通方面，宁夏贺兰山东麓地区与新疆、甘肃河西走廊等优质葡萄产区相比能够快速进入内地市场，运距短、成本低、交通便利。贺兰山东麓地区有110国道与包兰铁路平行排列，石银公路纵贯其中，109国道贯穿南北地区，东西方向有多条干道相连，可通京藏、青银、银古、定武等高速公路，紧邻银川河东机场有较强的区位优势。

2.2.3 区域社会经济——农民、市民、游客等多方社会主体活动区域

贺兰山东麓涉及市、区总面积约4321km²，总人口约211万人，区域农民人均纯收入5353.7元，城镇居民可支配收入13891元，城乡差距非常大，区域经济发展不平衡。中心城市银川的辐射能力比较差，城乡一体化发展面临较大的困难。在此背景下，宁夏回族自治区"十二五"规划将优质酿酒产业和葡萄种植业作为重点培育的特色农业优势产业之首，并将其培育为宁夏支柱产业和特色优势产业。未来以葡萄产业为重点的发展模式在促进区域经济发展、统筹城乡建设等方面必将起到巨大的推动作用。

2.2.4 旅游资源与葡萄产业——资源集中、双方互补因素强烈

贺兰山东麓是整个宁夏旅游资源品质最好、集中度最高的区域，也是发展比较成熟、对外最具吸引力的旅游区域。以西夏文化为龙头，贺兰山东麓旅游景观带自西向东延伸至黄河以东，自北向南延伸至青铜峡南端。目前已形成了以西夏王陵景区、镇北堡西部影城、

贺兰山岩画景区等为代表的成熟旅游产品，成为整个宁夏旅游的标志性旅游区域。

2.2.5 葡萄产业发展综合分析

与国内其他产区相比，贺兰山东麓具有其独特的发展葡萄产业的优势：（1）贺兰山东麓处于最佳葡萄生态带北纬38°线附近，这里还是国内少有的无污染农业生态区，少病虫危害，是业内公认的中国最好的酿酒葡萄种植基地；（2）相对于国内其他三大产区而言，从自然气候、土壤结构、光照时间、降水条件等相关因子来看，贺兰山东麓优势非常突出；（3）葡萄酒的高档化发展趋势，以及中国葡萄酒典型、独特的风格要求，也为贺兰山东麓葡萄酒产业的高端发展提出更高要求。

2.3 葡萄全产业链带动区域发展的战略与理念

2.3.1 生态优先跨越发展战略

以生态为基础，指导区域跨越式发展，将区域产业发展与区域生态发展相协调。

2.3.2 葡萄全产业链战略

以葡萄产业为核心，带动全产业的共荣发展，延伸产业链条，带动相关加工业、物流业、商贸业、金融业、文化业等共同发展。

2.3.3 节约资源科学示范战略

以高科技手段实施水、电、基础设施等方面的资源节约，同时成为类似区域及相关产业的科学示范基地。

2.3.4 国际化发展战略

瞄准国际化发展为目标，包括发展方式国际化、产品设计国际化、服务水平国际化、市场发展国际化。

2.3.5 差异化发展战略

在世界及国内葡萄产业发展格局中找到差异化的定位；在整个长廊中分片区寻找特色的地域发展定位；在产品主题开发过程中以特色化、主题化结合基地特质形成差异化产品体系。

2.3.6 品牌化发展战略

致力于打造"贺兰山东麓葡萄酒原产地"这一区域品牌；打造有国际影响力的葡萄酒品牌；打造在国际国内有重要地位的品牌葡萄酒大企业；打造出精品品牌酒庄；打造高端酒庄酒品牌；打造宁夏独特的葡萄酒旅游与文化品牌。

2.3.7 大项目带动多产业联动战略

以葡萄产业这一核心产业推动形成系列大项目，通过大项目带动相关产业共同发展的产业格局体系。以大视野塑造大格局，以大项目带动大市场。

3. 贺兰山东麓发展葡萄产业的必要性与意义

3.1 发展葡萄产业是改善区域生态环境的需要

贺兰山东麓地区作为银川西部的生态屏障，现有生态环境基础比较脆弱，各种自然灾害时有发生，沙尘暴和扬沙天气频繁，水土流失现象严重，土地沙化的局面还没有彻底扼制，林草覆盖率较低，一系列的生态问题制约了该地区的发展，也成为大银川建设的瓶颈。

本项目区处于宁夏"沙湖——苏峪口——西部影视城——西夏王陵"黄金旅游线的中心地带，该项目的实施可以改善沿线的旅游生态环境，减少沙尘暴和洪水带来的危害，提高银川的防洪能力和生态环境质量，形成银川市的西线绿色屏障，同时有利于贺兰山自然保护区生物多样性、黄河中上游地区生态环境建设。

3.2 发展葡萄产业是区域产业协调发展的需要

大力发展葡萄产业能够极大地带动相关产业的发展，提升宁夏经济发展的竞争力。在宁夏，绿色农业已经成为推动或提升本区域经济发展的又一新兴产业。在宁夏重点培育的13个农业特色优势产业中，第一位就是优质酿酒产业和葡萄种植。该项目的实施，可以推进宁夏产业一体化布局与结构升级，逐步实现宁夏产业资源优势向竞争优势的转化，把葡萄种植与酿酒产业培育成为宁夏支柱产业和特色优势产业。

规划区未来产业发展将形成以葡萄产业为核心带动，旅游度假业、文化创意产业、会展业、旅游地产业等为配套的全新产业体系。

百万亩葡萄长廊的建立，葡萄酒产业整体布局的完成，以及各种配套设施的完善，将使葡萄酒产业由贺兰山东麓地区经济发展的新的增长点，逐渐转向为支柱性产业，成为该地区经济发展的引擎，对该地区的经济崛起起着决定性作用。

葡萄酒产业的发展，将带动贺兰山东麓

表4 贺兰山东麓发展葡萄产业改善生态格局变化表

生态改善层面	生态现状	生态格局变化
局地气候	沙尘暴和扬沙天气频繁	减少扬沙天气
水土保持	水土流失现象严重	保持水土稳定
空气质量	空气污染较严重	吸收污染物，净化空气
林草覆盖率	低	大面积提高林草覆盖率
防洪安全	保障低	水土及水利设施保障
防风固沙	措施较少、投资量大	形成生态林带防风固沙
生态景观	单一、景观性差	景观多样体现
生物多样性	单一且受到多种威胁	保护生物多样性

地区整个经济的发展,提升区域价值,增加财政税收,增加农民收入,实现农业现代化,完成区域化产业布局和特色优势产业升级。

3.3 发展葡萄产业是生态移民就业与城乡统筹发展的需要

把种植葡萄、发展葡萄酒产业、葡萄旅游产业作为解决贺兰山东麓"三农"问题、促进城乡一体化的突破口,致力于做好解决数十万人口就业的民生工程。

3.4 打造贺兰山东麓葡萄产业及文化长廊的重大意义

（1）贺兰山东麓葡萄产业的构建,将作为亚洲葡萄产业新兴势力的重要代表,引领中国葡萄产业在世界新格局体系中占据主导地位。

（2）贺兰山东麓葡萄产业的崛起,是将中国的葡萄酒产业化推向世界的重要力量,其将成为世界知名的葡萄产业基地、葡萄文化旅游目的地。

（3）贺兰山东麓将成为"新世界"高端葡萄酒知名产地、葡萄酒产业新高地、运营新平台。

（4）贺兰山东麓葡萄文化产业的发展是解决城乡统筹,实现生态、产业、民生三大问题协调发展的重要举措。

（5）贺兰山东麓葡萄文化长廊是充分展示贺兰山东麓生态环境价值、历史文化价值的重要载体。

（6）贺兰山东麓葡萄文化长廊是国家产业结构调整和转变经济发展方式的示范项目。

（7）贺兰山东麓葡萄文化长廊是宁夏产业立省经济增长点、文化新名片。

葡萄酒产业将为贺兰山东麓地区带来：

——经济崛起,社会发展；

——政治稳定,民生改善；

——生态保护,持续发展；

——传统继承,文化发扬。

图1 贺兰山东麓葡萄产业发展策略结构图

图2 贺兰山东麓葡萄产业发展空间结构图

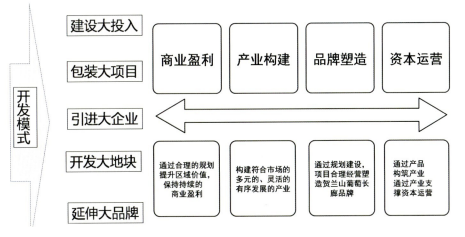

图3 贺兰山东麓产业开发模式图

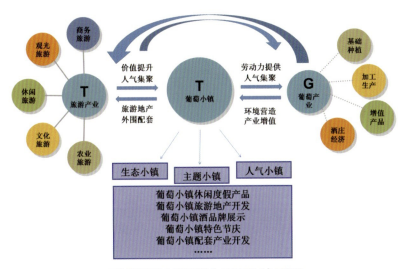

图4 葡萄旅游小镇创新模式（GTT模式）示意图

4. 发展定位与目标

4.1 总体定位

树立以葡萄产业集聚区为核心的产业发展平台，同时以打造世界品质葡萄产业长廊为出发点，通过"产业集聚、资源整合"为核心战略，闯出一条中国式的葡萄酒产业及区域发展又好又快的发展模式。大力发展葡萄产业和相关的文化旅游经济、体验经济及会展经济等综合产业。通过文化打造、生态引领、产业推动，把贺兰山东麓建成竞争力强、辐射面广、影响力大、国内最大、全球知名的葡萄文化长廊生态经济带。

葡萄产业文化长廊的建设将融合文化旅游、统筹城乡于一体，打造成为文化特色旅游地，城镇化建设的扛鼎之作，与黄河金岸形成珠联璧合的宁夏未来区域发展新格局体系。

4.2 发展目标

4.2.1 总体发展目标

建设由规模化葡萄种植基地、生态化葡萄廊道、高端化葡萄休闲度假区、主题化葡萄小镇、特色化葡萄酒庄园等项目组成的国际一流的葡萄产业聚集区，从而打造成为一条全球知名的葡萄文化长廊及产业经济带，构筑成享誉世界的葡萄文化圣地，规划末期形成百万亩葡萄种植基地、千亿区域综合产值的规模，解决数十万人口的就业。

4.2.2 产业发展目标

树立"一十百千万"产业目标体系。

"一"：打造一条全球知名的葡萄文化长廊及产业经济带，构筑享誉世界的葡萄文化圣地；

"十"：十个以葡萄产业为基础，融合旅游功能的特色小镇；

"百"：形成百大特色酒庄；

"千"：形成千亿综合产值的规模；

"万"：解决数十万人口就业。

4.3 区域产业空间战略

构建"一廊、一心、三城、五群、十镇、百庄"的空间格局。

一廊：葡萄产业集聚长廊；

一心：葡萄文化发展中心；

三城：石嘴山星海湖葡萄酒生态度假城、银川玉泉营贺兰山葡萄酒产业城、红寺堡葡萄酒文化城；

五群：大武口产业集群、农垦产业集群、永宁产业集群、青铜峡产业集群、红寺堡区产业集群；

十镇：十个以GTT模式为主导的葡萄主题小镇；

百庄：百大特色主题酒庄。

5. 以葡萄产业为导向的区域产业发展模式

5.1 产业综合开发模式

以葡萄产业这一核心产业推动形成系列大项目，通过大项目带动相关产业共同发展的产业格局体系。以大视野塑造大格局，以大项目带动大市场。

5.2 葡萄旅游小镇创新模式（GTT模式）

GTT模式：葡萄产业+旅游小镇+旅游景区

以涵盖葡萄生产、加工、贸易等环节的葡

萄产业为驱动，整合葡萄工业、葡萄风景、葡萄文化及本地旅游资源，形成独特旅游吸引力，在改善旅游地服务配套设施上，形成生态环境良好、产业形式多样、旅游氛围浓厚的生态人居小镇。

5.3 "葡萄+旅游"构筑双产业联姻模式

"葡萄+旅游"的产业构筑模式为贺兰山东麓的旅游业提供了良好的产业依托，也为其葡萄产业营造了多元化的发展模式。葡萄产业旅游观光的建设，将成为一种纽带，将贺兰山东麓地区著名的景点结合起来，形成一种大旅游的体系，并且可以促成宁夏旅游的整体机制，打造一条"葡萄之旅"。贺兰山东麓的沿山带与沿河带的旅游景观不同，沿山带与葡萄产业的契合点表现为现有旅游资源（贺兰山岩画、苏峪口国家森林公园、北武当山森林公园、拜寺口双塔、华夏西部影视城、滚钟口、黄渠口观光农业园、西夏王陵、明长城）影响力的扩大；沿水带，以黄河文化作为依托，重点发展葡萄产业与黄河景观、湿地景观、水利工程等相关的旅游资源的融合，成为与贺兰山相对应的"水"旅游的概念。

6. 葡萄全产业体系构建

6.1 葡萄全产业体系

本着城乡统筹、协调发展的理念，抓住大旅游发展背景下的历史机遇，以旅游导向型发展的思路，发展葡萄主体产业、葡萄配套产业和葡萄衍生产业，同时融合原有宁夏文化和葡萄产业的文化体系，培育葡萄种植业、葡萄酿造加工业、酒庄、酒堡业、物流贸易业、文化创意产业及葡萄主题公园、葡萄主题小镇、葡萄酒博览会等产业形态的产业集群，形成贺兰山东麓葡萄文化区的产业竞争优势。葡萄综合产业、旅游综合产业、葡萄主题地产、服务综合产业成为贺兰山东麓的四大主题产业。

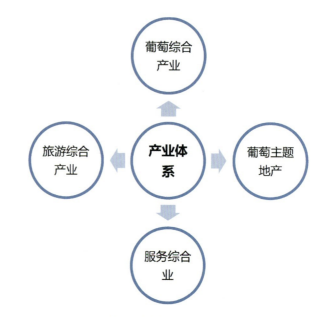

图5 贺兰山东麓四大产业体系图

表5 贺兰山东麓葡萄产业体系细分表

四大综合产业	编号	产业细分	产业规划
葡萄综合产业	1	葡萄种植产业	5大种植基地，100万亩种植规模
	2	苗木研发培育产业	6大培育基地，高科技研发中心，万亩育苗基地
	3	葡萄酒酿造及其他加工产业	各产业片区规划中大型酒厂
	4	酒庄酒堡产业	5大酒庄集群，百座重点酒庄
旅游综合产业	5	旅游景区产业	整体形成全新旅游体系，产业带动效应明显
	6	景区带动相关产业	
葡萄主题地产	7	旅游地产业	旅游地产土地增值
	8	葡萄主题地产（小镇）	10大葡萄旅游小镇
服务综合产业	9	文化创意产业	以葡萄为核心的文化产业基地
	10	物流贸易业	建设6大物流中心相关产业带动
	11	相关教育产业	建设葡萄酒大学，教育产业配套
	12	金融、资本业	8大上市公司上市融资，相关银行、证券、保险等金融、资本产业
	13	服务产业	相关产业服务体系及科技支撑体系

6.2 葡萄综合产业体系

根据波特产业竞争理论，一个产业的产业竞争力不仅取决于产业内的企业竞争力，还必须依靠政府的扶持，建立良好的配套产业做环境支撑。贺兰山东麓葡萄文化区的综合产业系统包括：葡萄种植产业、苗木培育研发产业、葡萄酒酿造及其他加工产业、酒庄酒堡产业。

6.2.1 葡萄种植产业

葡萄种植产业是葡萄产业的最基础产业，除了区域因素外，还要依靠农业产业化和集中化，及葡萄种植技术的创新。在贺兰山东麓大力发展葡萄种植产业、建立大型葡萄科技园培育质葡萄、丰富葡萄品种、是整个区域葡萄产业打造的第一个环节。在一开始就要瞄准成为世界一流的葡萄种植区的目标。

6.2.2 苗木研发培育产业

通过科技化、优质化、节约化发展新形势下的苗木研发工作，整体布局6大良种苗木研发繁育基地，对整个贺兰山东麓的葡萄种植基地提供优质苗木及优良品种选育，并为区域整体节约化发展葡萄产业提供技术支撑。

6.2.3 葡萄酒酿造及其他加工产业

葡萄酒酿造及其他加工业，实现了葡萄从第一产业向第二产业的过渡。在葡萄文化区建立葡萄工业基地，扶持或吸引相关企业在当地设厂，发展葡萄酒、葡萄干、葡萄饮料等葡萄深加工技术，带动当地农民转化为产业工人。

6.2.4 酒庄酒堡产业

葡萄产业最主要的主体产业之一是葡萄酒产业，而葡萄酒因为其独特的历史和文化影响，一开始就和酒庄、酒堡分不开的，更成为高端葡萄酒的文化符号。

大力发展酒庄、酒堡产业，不仅带动当地旅游和地产等产业，更是体验葡萄工业和文化、塑造葡萄酒品牌和原产地形象的有效手段。

6.3 旅游综合产业体系梳理

6.3.1 旅游景区产业

规划区域内包含了宁夏最主要的旅游资源，这些景区的发展与葡萄产业很好的互动，形成全新的区域旅游格局体系，使未来区域内旅游产业成为重要的支柱性产业。

6.3.2 景区带动相关产业

通过景区发展旅游产业与葡萄产业结合，形成了景区带动相关观光、商贸、休闲、娱乐、度假等系列产业体。

6.4 葡萄主题地产体系梳理

葡萄主题地产开发是本规划中葡萄与旅游密切结合的契合点，也是本规划中最大的收益来源。葡萄主题地产的开发有两大依附载体，一是葡萄主题的地产项目依附于现有的旅游景区，形成旅游地产开发；二是顺应宁夏城镇化趋势而构建的葡萄主题旅游小镇开发。此外，囊括在重大的诸如葡萄酒城、葡萄酒庄酒堡集群葡萄主题旅游项目之中的旅游地产开发项目也是葡萄主题地产体系中的不可或缺的部分。

6.4.1 旅游地产业

旅游地产业作为旅游产业衍生的重要分支，其与整体的葡萄产业相结合，与现有景区的发展相结合，形成全新的旅游地产产业体系。

6.4.2 葡萄主题地产（小镇）

以涵盖葡萄生产、加工、贸易等环节的葡萄产业为驱动，整合葡萄工业、葡萄风景、葡萄文化及本地旅游资源，形成独特旅游吸引力，在改善旅游地服务配套设施上，形成生态环境良好、产业形式多样、旅游氛围浓厚的生态人居小镇。以GTT模式为小镇开发核心模式，创新出特色的主题旅游小镇。

6.5 服务综合产业梳理

6.5.1 葡萄金融产业

葡萄金融产业，指的是和葡萄产业相关的银行与相关资金合作社、保险业的总称。对于葡萄产品的可证券化及葡萄产品的流通性有着极其重要做用，是撬动葡萄产业的市场杠杆。在国际上，葡萄酒期酒被称为"液体黄金"，成为众多葡萄酒投资者追逐的对象。在当地建立葡萄产业扶持基金会积极扶持企业、引入期酒等新型的投资手段，实现葡萄产品的可资产化。

6.5.2 葡萄相关教育产业

葡萄产业的发展，离不开先进的市场理念及熟练的产业工人这些重要的软件因素。设立讲授葡萄产品营销、葡萄种植技术和葡萄酒酿造工艺方面的贺兰山葡萄酒学院，做好人才孵化工作。主要培养世界级葡萄园艺师、酿酒师、品酒师等专业人才及相关产业工人等。

6.5.3 葡萄文化创意产业

葡萄文化博览会是规模庞大、内容广泛、展出者和参观者众多的展览会，旨在宣传葡萄综合产业发展状况、促进葡萄产业发展，加强市场和文化交流，宣传葡萄企业及产品的盛会。

在贺兰山东麓葡萄文化区，采取政府或协会主办、企业申办的有影响的大型葡萄文化博览会，对于世界了解贺兰山、促进葡萄产业发展有巨大的市场引爆作用。

6.5.4 葡萄酒交易及集散中心

在贺兰山东麓建立中西部最大的葡萄酒交易中心，激活该区的商业气氛，实现葡萄产品的商业集聚。如吸引国际名庄酒商在保税区设立直销中心，这将进一步缩短国内市场与国际酒商的距离，实现"零距离"订购交易，不出国门就可以直接采购到国际顶级的进口葡萄酒。

7.市场化运作的葡萄产业运营及管理模式

7.1 整体运营思路

构建中国（贺兰山）特色葡萄产业发展模式，突破葡萄酒产业之于葡萄产业的传统局限，以葡萄为引擎点，进行多产业嫁接，延伸产业链，提高葡萄产业及相关产业的附加值。

总体思路：以葡萄产业为导向，在做强、做优葡萄产业的基础上，充分利用葡萄产业极强的泛关联效应，推动区域产业战略结构的优化调整，带动并协调相关产业的一体化发展；通过葡萄产业经济带的发展提升区域基础服务设施水平和环境品质，为葡萄相关产业衍生发展和葡萄支持产业延伸发展创建聚集平台，实现区域社会经济的跨越式发展。

区域层面：通过葡萄产业区域化布局、规模化生产、产业化经营，发展五大产业聚集区，"以廊串面、以点聚能"，实现区域资源的

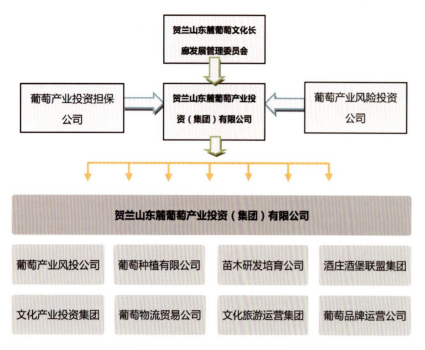

图6 贺兰山东麓葡萄产业长廊管理模式

全面整合和有效配置。

产业层面：通过"异业联合，整合发展"，推进葡萄及相关产业"升级、联合+整合、多元化发展"，通过"产业集群模式"打造具有世界级影响力的国际葡萄文化品牌输出地，形成中国最具发展潜力的优质葡萄种植、葡萄酒酿造、葡萄酒文化旅游集群经济带。

主体层面：全面推进葡萄酒企业多元化战略重组，扩大企业规模，提升葡萄酒档次，加强贺兰山东麓葡萄酒地理标志产品的宣传，全力打造贺兰山东麓葡萄酒优势品牌；因地制宜探索推进土地流转、发展规模经营的有效路子；以产权为纽带，以资产重组为形式，培育具有较大规模和较强实力的龙头企业以及强势品牌；引导和鼓励现有的葡萄酒加工企业展开横向联合，尽快形成有竞争力的葡萄酒企业联合体；培育农民专业合作社、龙头企业等新型主体。

7.2 政府、企业、咨询机构与行业组织三方管理模式

宏观尺度上的区域产业发展规划离不开政府的支持。在充分发挥政府主导作用、立足于当前行政管理体制的前提下，创新管理机制，引入行业协会、企业联盟及咨询机构，实现政府、企业集团、社会市场三者之间的一致性诉求，创立全新的贺兰山东麓管理模式。

7.3 市场运作模式

建立市场化运营模式，走贺兰山东麓产业化道路。

7.4 土地运营模式

资源转户，土地转换，产业转移，地产转型。

通过土地资源的有效流转、土地功能的对应转换、葡萄及其相关产业的布局落地、文化创意产业的入驻、葡萄旅游小镇的综合驱动，实现区域土地资源的有效配置以及土地价值的最大化。

区域土地资源流转发展模式——土地合理流转，引进大型企业，规范化发展。

区域农民"宅基地换房"发展模式——结合新农村建设，整合土地资源，有效配置。

区域产业联动发展模式——葡萄种植园+旅游+文化创意、新农村+葡萄产业区。

区域经营地产运营模式——葡萄旅游小镇、葡萄酒庄酒堡。

在土地政策方面，鼓励企业、农村专合组织、专业大户通过租赁、承包、股份合作等土地流转方式成片开发农村土地，建立规模化、集约化、标准化的酿酒葡萄生产基地；鼓励集体将可垦荒山荒坡通过入股、租赁等方式盘活经营权，以利于企业成片开发荒坡荒山，建设酿酒葡萄基地。对用于酿酒葡萄基地建设的土地，符合条件的可纳入退耕还林规划并享受退耕还林政策。

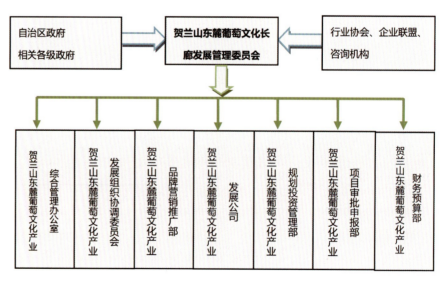

图7 贺兰山东麓葡萄产业市场运作模式

7.5 区域营销与品牌推广

针对海内外市场，构建分异化的营销策略。同时，通过各种葡萄文化节活动的开展，全方位多层次宣传贺兰山葡萄文化品牌。并着力打造中国宁夏国际葡萄酒节，将此打造为葡萄酒文化盛会、亚洲唯一的中国塞上葡萄酒文化节。通过构建国际葡萄酒节庆典、展览、论坛、洽谈等环节，加强世界人与宁夏人的文化交流，奠定宁夏葡萄酒产业在全国葡萄酒产业发展中的地位，加强推广宁夏文化特色、旅游品牌和葡萄酒品牌。葡萄酒文化节应由政府、发改委、葡萄酒行业协会等协商举办，邀请策划公司专业组织策划。可适当引入企业赞助或分板块承包举办，减少政府财政投入，做到专业推广。

8．小结

产业链制胜——融合是一个创新的过程，融合是指不同产业或同一产业不同行业相互渗透、相互交叉，最终融合为一体，逐步形成新产业过程。而产业融合多依靠新技术的应用和通用资产的融合。产业融合使市场结构更加合理，资源的培植和利用最大化。利用葡萄、土地，和现代信息技术手段，加大产业融合将充分发挥出区域的内生增长力，细分出多种产业。

城乡统筹创新——贺兰山东麓葡萄文化长廊的产业发展，一开始就要本着城乡统筹的原则，从葡萄种植的农业、到葡萄酒酿造和葡萄加工产品的加工业、再到葡萄产业的相关配套服务产业。整体产业链和产业体系构造中要体现城乡统筹的原则。

品牌化运作——一个区域的产业竞争力和品牌，就是它的区域品牌竞争力和品牌企业的总和。在产业构建中，需要利用多种营销传播手段和品牌塑造手法，通过升华区域母品牌激活相关企业品牌、相关旅游景区品牌、相关葡萄酒及酒庄品牌等。

全产业链模式即构建核心创意农业的研发一种植一产品一交易等环节的全产业链条，产业链环节之间具有较高的黏性，并与旅游业高度结合的模式。旅游介入到产业链的各个环节中，形成了研发的旅游化展示、创意农业种植景观的观光化度假化利用、创意农产品的展示化体验化、创意农业的文化产业化、交易与集散平台的多元化、创意农业与特色小城镇等产业链的纵向对接。全产业链构筑模式不仅仅重视单一产业实力的积累，更注重与旅游及服务业、房地产业的对接，并通过旅游导向的创意农业带动区域土地的综合开发利用。利用农业、土地和现代信息技术等手段，加大产业融合，充分发挥出区域的内生增长力，细分出多种特色业态。

全产业链模式更适于宏观尺度上的区域发展需要，既能够全面综合的带动区域经济的发展，也能通过旅游提升区域的产业知名度，两者形成"纵横"效应。全产业链意味着上下游纵向延伸、附加值高、上下游资源配置平衡、创新研发与实践紧密结合，不但有利于强化区域的自身薄弱环节，而且可以实现产业的横向互补，提升区域的整体水平和竞争力。

Application of 3D Flower Decorations in Urban Afforesting Design

花卉立体装饰在城市绿化设计中的应用

文/袁 梅

【摘 要】

伴随我国城市绿化的发展需求,花卉立体装饰逐渐成为城市绿化应用的热点。本文在综述花卉立体装饰在国内外应用发展历程、立体装饰花器及植物选择基础上,分析了花卉立体装饰在目前我国城市街区、城市建筑物、节庆会展等的具体应用情况,并就下一步花卉立体装饰在我国城市绿化中的应用和发展提出建议。

【关键词】

花卉立体装饰;绿化;应用

【作者简介】

袁 梅　园林植物与观赏园艺硕士;亚太森林恢复与可持续管理组织,现从事林业生态管理工作联合国环境署研究表明："如果一个城市的屋顶花园覆盖率达到70%以上，城市上方的二氧化碳含量将会下降50%，热岛效应也会随之减少甚至消失。"同传统的平面绿化相比，垂直绿化的植物由于生长位置较高，能够多层次的净化空气，并且还能与建筑自然的结合。随着我国城镇化建设的快速发展，城市空间有限，立交道路、高层建筑越来越多，传统的平面绿化已无处安身，作为垂直绿化的一个分支，花卉立体装饰以其充分利用立体空间、造型新颖多样等特点，成为城市园林绿化产业中附加值最高的应用形式。

花卉立体装饰是相对于一般平面花卉装饰而言的一种园林装饰手法，其定义是指通过适当的载体（各种形式的容器及组合架），结合色彩美学及园林绿化原则，经过合理的植物配置，将植物的装饰功能从平面延伸到空间，形成三维立体的装饰效果；是一门集园艺、园林、工程、环境艺术等学科为一体的绿化手法。

1. 花卉立体装饰的发展与特点

1.1 花卉立体装饰在国外的应用

有说法认为最早的花卉立体造型是几何学的产物，由于尼罗河每年泛滥，退水后需要丈量土地，因而发明了几何学，后来，古埃及人也把几何的概念用于园林设计，形成世界上最早的规整式园林形式。巴比伦空中花园，又称悬园，园中种植各种花草树木，远看犹如花园悬在半空中，是古代世界七大奇迹之一，据说采用立体造园手法，并且有灌溉系统，是早期花卉立体装饰的一个成功典范。

花卉立体装饰在欧美运用较早，不仅政府比较注重，家庭也对这种绿化形式情有独钟，应用的十分广泛，在街道的灯杆上，在商店的门口以及家庭阳台上，随处可见到一簇簇的鲜花装点着生活的空间。随着时代的发展，欧美城市景观设计中，设计师对整个广场、整条街道进行总体绿化规划设计和施工，将立体与平面装饰良好结合，取得较好的效果，有的城市在花卉立体装饰中加入了设计师的主观创造，一件非常优秀的花卉立体装饰作品甚至可以与雕塑媲美。此外，欧美花卉市场提供了十分方便的花卉立体装饰产品，为城市景观绿化及居民庭院装饰提供了便利。近年来，屋顶绿化和墙面立体绿化备受设计师们的关注，国外在这方面，不论景观美学还是绿化施工技术方面，都取得了新的进展。

从各国来看，英国已有100多年应用吊篮的历史，人们也在阳台、窗台及栏杆以种植槽式立体装饰的形式，美化、绿化居所或商业街。垂直公园目前成为英国所推崇的城市绿化概念，垂直公园以综合利用屋顶绿化、垂直绿化、花卉立体装饰等形式，围绕某一建筑屋顶为中心，打造完整的立体绿化系统。美国人在窗台上放置种植槽种花已有悠久的历史，很多美国人就是从这些看似简单的花槽开始爱上了植物，爱上了园艺，在普通美国家庭，这一花卉应用形式至今仍然非常流行。在德国，屋顶绿化受到关注，开敞型屋顶绿化50%以上的面积会被计入绿地率，德国的研究资料表明，在绿化覆盖下的屋顶平均寿命是40~50年，而裸露屋顶的寿命只有25年。日本东京市政府在2000年修改了自然保护条例，规定不管是新建还是改建的建筑物，都有义务进行屋顶绿化装饰。

1.2 花卉立体装饰在我国的应用

我国较早的花卉立体装饰运用是在传统的秋季菊展中，园艺师们运用菊花中的小菊品种通过蟠扎，创作出栩栩如生的各种景物或景象。1990年，北京亚运会采用了五色草造型，并打破蟠扎方式，初次尝试立体栽培形式并取得了较好效果，但却只限于五色草造型，品种、色彩上较单一。早期的花卉立体装饰还体现在我国城市居民对立体空间的应用，如在院落内种植牵牛花、爬山虎等植物，种植四季豆、西红柿等攀援类蔬菜等形式，均属于花卉立体装饰的早期应用。

随着我国花卉优良品种的培育和引种，应城市绿化和节庆会展的需求，1999年以后，我国花卉立体装饰获得了空前的发展。例如，1999年昆明世界园艺博览会、国庆大典、2001年广州花博会、2008年北京奥运会、2010年的上海世博会等大型国际会展，通过立体花卉装饰的应用，宣传了举办城市注重生态的理念，提高了会场的主题宣传力度。城市绿化设计中，对立体空间的应用也逐步多样化，北京市自1984年首次建设屋顶绿化以来，已经陆续在中央机关、医院、学校、居住区推广屋顶绿化150万m^2。目前，我国已有近40个大中城市实施了花卉立体装饰，随着对花卉立体装饰研究的深入，其发展空间正呈现出从大城市向中小城市拓展的趋势。

为应对花卉立体装饰在城市绿化应用的数量及形式需求，我国各地科研院所、园林局以及园林园艺公司等，在花卉立体装饰方面开展了相关应用研究，在种植容器的设计开发、植物材料的筛选试验、结构造型的设计以及花卉的日常养护等方面均取得进展。北京植物园筛选出了几十种新优的花卉立体装饰植物品种，研究开发了花卉立体装饰容器、配套滴灌系统及相关的养护技术，为大规模布置立体花坛提供了一定的物质保证，促进了花卉立体装饰形式在北京及其他地区的普及。近年来我国已出现了不少专业生产栽培容器和优良草花产品的园林园艺公司，少数几家公司已经可以提供植物原料、结构材料、造型设计以及施工维护等一站式服务。

2. 花卉立体装饰的植物选择与花器搭配

2.1 立体花卉装饰的植物选择

根据不同的立体花卉装饰效果需要，把可供选择的植物分为直立式植物、垂蔓植物和攀援植物三类。

图1 云南昆明某别墅区外墙装饰，植物：炮仗花（袁梅 摄）

图2 厦门鼓浪屿岛上门廊装饰，植物：叶子花（袁梅 摄）

有造景能力强，无需精细管护等好处，是大体量立体绿化的重要材料，通常应用于建筑墙面、立交桥、过街天桥、隔离栏杆、花廊棚架、室内立体装饰等。用于立体装饰的攀援植物有爬山虎、葡萄、紫藤、攀援月季、常春藤、绿萝、铁线莲等。

2.2 花卉立体装饰的花器搭配

2.2.1 独立花器

独立花器根据装饰效果和摆放位置不同，以垂蔓植物配以花球、花篮、壁篮、花槽等花器，这类花器具有易于拆卸组合、应用范围广的特点，在公园、街道、窗台、阳台的零星空间发挥花卉立体装饰的作用，在家庭消费市场中也有广阔的前景。但由于花器本身具有装饰美化作用，成本相对较高。

2.2.2 单元卡盆

单元卡盆主要用于组合式造型的独立花器，以不同色彩的花卉拼构出非常细致的图案，在目前的花卉立体装饰中应用最多。可用于花塔、花柱、花墙、花桥、花拱门、巨型花球、动物人物造型、塔桥造型，这类盆体造价低廉，规格统一，便于搬迁拆卸，但花器自身没有观赏价值，在选择植物时需要尽量密植，以遮挡盆体，且花器容易破损，需加强管护，为降低成本，有的单元卡盆直接用种植袋代替。

2.2.3 复合造型盆

复合造型盆是由一系列直径不同，深度不等的塑料盆组成，塑料盆中央有两个孔，大孔为系统连接孔，小孔为溢水孔及供水主管通道。不同规格的塑料盆由通过连接孔的主轴连接固定，盆之间的层距根据所配植物的规格，用特制的塑料管调节，可以组合成塔形、椭球形、圆柱形等形状；可以悬挂，也可以立于地面。复合造型盆易于立体花卉的植株管护，可采用滴灌或微喷，但花器制作工序较多，且不利于灵活组合应用。

2.2.4 塔形花盆

塔形花盆主要在酒店、广场、公园的入口

2.1.1 直立式植物

直立式植物也叫卡盆用花卉，多用于卡盆的立体造型，要求株形紧凑、直立，低于25cm；观花的为小花型、花量大，即使部分花朵开始凋落，整体效果还能维持一段时间，观叶的叶色匀称；观赏时间长，在2个月以上；能忍耐室外的强光照射而不萎蔫；可以用于花柱、大型花钵、花槽、吊篮、壁挂篮及各种造景上的配置，成为栽植组合的中心主题和色彩焦点；常用的立体装饰直立式植物有：四季海棠、长寿花、新几内亚凤仙、羽衣甘蓝、牵牛花、彩叶草、凤仙花、三色堇、万寿菊、皇帝菊、北京菊、孔雀草等。

2.1.2 垂蔓植物

垂蔓植物枝条下垂，长度能达到40cm以上，栽植在容器边缘，能很快将容器侧面遮挡起来，形成极好的绿化装饰效果；用于室外装饰的品种，能忍耐室外的强光照射；用于室内装饰的品种，能耐荫；适合配置在组合花塔、大型花钵、吊篮、花槽的边缘。用于立体装饰的垂蔓式植物主要有蔓性天竺葵、垂吊矮牵牛、龙翅海棠、倒挂金钟、仙人指、豆瓣绿、葡匐鸭跖草、虎耳草、紫绒三七草等。

2.1.3 攀援植物

攀援植物能以自身的器官及附属物如茎、卷须、钩状物、气根等附着于它物向上生长，处等比较宽阔的空间摆放，可以单独摆放，也可以上小下大两层花器叠放，形成立体造型，最常见的是大理石花器，营造大气、整体的风格，极易渲染气氛，缺点是不利于搬迁，花盆造价较高，相对需要较大的独立空间。

3. 花卉立体装饰在城市景观中的应用

3.1 城市街区美化

3.1.1 广场花卉立体装饰

广场花卉立体装饰要求具有艳丽的色彩、丰富的创意造型，起到提升城市广场空间美化效果、渲染气氛、吸引人们驻足休闲的作用，也可以通过某一主题，体现城市发展的主题与特征。在城市的各类主题广场、商业中心，主要采用复合式花器或大型组合花盆加以种植，由于多采用较大的组合式花器，需注意与广场空间的巧妙结合。

3.1.2 道路花卉立体装饰

用于道路护栏、绿化带、灯柱等的花卉立体装饰，采用独立垂挂式花器，如花球、花篮等，垂挂与道路灯柱两侧；在道路的交通环岛处，以拱形、塔形等组合式立体装饰应用，以起到良好的绿化效果。应用时需注意植物体量不宜过大，不影响交通视线和正常通行。

3.1.3 桥体花卉立体装饰

桥体花卉立体装饰可采用独立或组合型花槽花器，在桥头或桥侧面边缘挑台安装花槽，种植垂蔓植物，如云南素馨、蔓长春花等；或在桥基绿化带内种植攀援植物，植物以爬山虎应用较多；也可以应用独立花球，对桥体空间加以利用。需注意选择耐寒和抗污染能力强的植物，色彩方面不宜过于艳丽，以防吸引人们停留观赏或在交通行驶过程中转移注意力。

3.1.4 城市功能场所花卉立体装饰

在城区学校、医院、剧院、火车站和飞机场、酒店等主入口可以采用大型花盆或植物墙作为花卉立体装饰；可以通过在功能场所的建筑围栏、廊柱、休闲区，种植藤蔓或攀援植物，也可在建筑物内部利用独立式的花球、花篮等，悬挂花卉种植槽、花球装饰点缀，营造温馨祥和的气氛。应用中需注意与功能区的不同功能相结合，如在学校、医院内宜多选择绿叶植物，营造安静气氛，在剧院、火车站或飞机场等，可通过组合立体装饰的形式，营造大气热烈的氛围。

3.2 城市建筑物花卉立体装饰在我国城市节庆会展中的应用

3.2.1 建筑物屋顶绿化

在城市绿化可用面积越来越少的情况下。应根据屋顶不同的立地条件，尽可能多地把建筑物屋顶利用起来，对于承载力有限的平屋顶，可以种植地被或其他矮型花灌木，如垂盆草、半支莲、爬山虎、紫藤、五叶地锦、凌

图片提供：读道创意 盛永利　　　图4 彩叶草

图片提供：读道创意 盛永利　　图3 立体花卉造型，植物：四季秋海棠、夏堇、矮牵牛、一串红等

图片来源：袁梅 摄　　图5 昆明世博园中国展区——展园入口，植物：紫荆

霄、薜荔等，直接覆盖在屋顶，形成绿色的地毯。对于条件较好的屋顶，可以设计成开放式的花园，参照园林式的布局方法，可以做成自然式、规则式或混合式。总的原则是要以植物装饰为主，适当布置假山、石舫、棚架、花墙等等，形成现代屋顶花园，同时要注重屋顶防水等建筑工程技术处理。

北京市计划在"十二五"期间完成100万m²的立体绿化任务，计划2012年完成10万m²屋顶绿化，二、三、四环周边将成立绿化重点和示范区，企业可获得政府补贴或防洪费优惠；市民在屋顶绿化也算义务植树造林，并会得到政府资金奖励。在我国上海、广州、合肥、成都、大连等城市，屋顶花园装饰的应用也逐渐增多。

3.2.2 建筑物墙体绿化

建筑物墙体绿化是指在与水平面垂直或接近垂直的各种建筑物外表面上进行的绿化和美化，包括攀援类墙体绿化和设施类墙体绿化。攀援类墙体绿化是利用攀援类植物吸附、缠绕、卷须、钩刺等攀援特性，使其在生长过程中依附于建筑物的垂直表面；设施类墙体绿化是在墙壁外表面建立构架支持容器模块，基质装入容器，形成垂直于水平面的种植土层，容器内植入合适的植物，完成墙体绿化，是近年来新兴的墙体绿化技术。相较而言，攀援类墙体绿化会对墙面造成一定破坏，需要很长时间才能布满整个墙壁，绿化速度慢，绿化高度也有限制，设施类墙体绿化必须有构架支撑，而且需有配套灌溉系统。此外，花墙作为墙体绿化的形式之一，主要栽植盛花期花卉，形式简单明快，主题鲜明的墙体，广泛应用于许多大型文化活动中。

3.2.3 挑台绿化

挑台绿化是技术上最容易实现的立体绿化方式，在阳台、窗台等各种容易人为进行养护管理操作的小型台式空间绿化，使用槽式、盆式容器盛装介质栽培植物。挑台绿化的方式多种多样，可以将绿色藤本植物引向上方阳台、窗台构成绿幕，可以向下垂挂形成绿色垂帘，也可附着于墙面形成绿壁。挑台绿化应充分考虑挑台的荷载和安全性，切忌配置过重的盆槽，栽培介质应尽可能选择轻质、保水保肥较好的腐殖土等。

3.3 花卉立体装饰在我国城市节庆会展中的应用

3.3.1 昆明世界园艺博览会

1999年，昆明世界园艺博览会期间，花卉立体装饰造型广泛应用，打破了花卉品种开花时间的限制，首次运用了先进的滴灌技术，解决了造型后期的水肥管理问题，使观赏期得到延长。

3.3.2 广州花博会

2001年广州花博会期间，多种多样的花卉立体造型使得我国花卉立体装饰又上新台阶，这一时期，开始将营养液水培技术运用到花卉立体造型上，通过营养液自动循环浇灌，易于花卉的养护和维持花期。

3.3.3 北京奥运会

2008年北京奥运会期间，通过对北京城区广场、立交桥、奥运各场馆外围进行花卉立体装饰，结合奥运主题开展了各类主题鲜明的立体装饰造景，有力的宣传和烘托了奥运盛会的主题，美化了北京城区。

3.3.4 上海世界博览会

2010年，上海世博会近240个场馆中，80%以上做了屋顶绿化、立体绿化和室内绿化。法国高超的绿墙技术，新西兰馆屋顶种植蔬菜，卢森堡馆的森林城堡，新加坡屋顶花园的热带花园，香港馆顶层的水景花园，瑞士馆的草地式屋顶，加拿大、芬兰、美国馆等都利用墙面或屋顶展示不同类型的绿色空间，都展现了非常高的花卉立体装饰技术和水平。

3.3.5 西安世界园艺博览会

2011年，西安世界园艺博览会对"天人长安，创意自然—城市与自然和谐共生"的主题进行充分挖掘和展示，营造了浓郁的城市园林绿化氛围，其中"天人长安塔"彰显了古城西安的特色，在塔的顶层建成空中花园，种植花卉并适时进新，成为俯瞰园区的最佳景点。

图片来源：袁梅 摄

图6 2008年奥运会期间北京站和天安门的花卉立体装饰（植物：海棠，一串红等）

4. 我国城市景观花卉立体装饰发展的建议

4.1 探索花卉立体装饰在城市景观中的应用形式

花卉立体装饰在国内外应用已非常广泛，我国通过近几年的发展也突显了花卉立体装饰在城市景观设计中的优势，但从应用形式、应用规模、设计施工等方面，仍需进一步提高，建议在当前我国城市绿化设计中，根据我国城市规模，积极创新适合不同城市发展规模的花卉立体装饰，不只注重节庆会展中花卉立体装饰的造景，更应积极推广城区立体绿化，可从鼓励号召有资金能力、注重环境绿化的企事业单位，率先开展本单位建筑物内外墙体的绿化和装饰，从而逐步带动其他花卉立体装饰形式在城市中的应用，使花卉立体装饰在有限的空间内为城市创造出更高质量的景观。

4.2 培育更多适宜花卉立体装饰的植物

鼓励农林科研院所、园艺企业积极开拓适合应用于花卉立体装饰的植物新品种、新技术。我国有丰富的野生花卉资源，很多野生花卉对气候、土壤、水分的要求较低，这些一二年生或多年生的野生花卉，能丰富我国城市景观设计的花卉品种，建议可通过引种、改良，培育适合于城市露天栽植、抗污染能力强的花卉品种；在花期方面，重点培育花期集中、花期较长的花卉品种。无土栽培包括水培的形式，可以广泛应用于城市景观设计中，方便栽植移动，管护中易于控水控肥，且尘土较少，可利于降低城市粉尘颗粒物的污染。在浇灌系统方面，可进一步开发立体装饰造型分水器和组合滴灌系统，实现花卉立体装饰均匀有效的灌溉。

4.3 鼓励城市居民投入花卉立体装饰的爱好

在美化居民环境中，我国已通过每年的义务植树活动发动全民投入生态建设，但针对城市的局限性，应大力推广花卉立体装饰的绿化形式，进一步开发室内外花卉装饰市场，鼓励社区居民每周投入家庭园艺工作中，潜移默化地培养公众对植物的情感；可通过企业、政府、协会共同组织社区花艺活动，促进城市社区绿化发展。

参考文献：

[1]. 朱仁元，张毓. 花卉立体装饰及其应用[J]. 花木盆景，2000(4)：16-17.

[2]. 王政. 花卉立体装饰[J]. 中国花卉园艺，2005(14)：30-33.

[3]. 黄森木，董培林. 花卉立体造型[J]. 技术与市场-园林设计，2005,9：36-37.

[4]. 张艳芳. 花卉立体装饰谈[J]. 花木盆景（花卉园艺），2007（1）：38-39.

[5]. 邱朝霞. 晋城市立体花卉造景技术[J]. 中国城市林业，2011（3）：59-60.

[6]. 岳珣，潘正康. 浅谈花卉立体装饰在园林中的应用[J]. 中国农村小康科技，2007(10)：55-56.

[7]. 夏春雨. 浅谈花卉立体装饰[J]. 现代化农业，2007（8）：19-20.

[8]. 王彩云，傅强. 现代美国花卉装饰[J]. 花木盆景.1993（5）：9.

[9]. 潘冬梅，曹富强. 用悬垂花卉塑造室内立体景观[J]. 河北林业科技，2007（2）：60-61.

The Power of Design: The Application of Graphic Design in Creative Agriculture

设计的力量：平面设计在创意农业中的应用

文/袁功勇 刘小波 陈 淼

【摘 要】

本文主要介绍艺术设计，尤其平面设计在创意农业之中的应用，首先确定了创意农业之中平面设计的基本原则，其次分别从艺术设计对农产品本身、农产品包装、农业园区VI系统、农耕主题文化创意品、农业旅游设计、农业节庆节事活动策划、农业园区规划以及创意农业营销等八个方面的巨大作用。艺术设计和文化是创意农业的两大驱动力，是创意农业中"创意"的主要方面；平面设计是创意农业的核心之一，作用巨大。

【关键词】

艺术设计; 应用; 平面设计; 基本原则; 创意农业

【作者简介】

袁功勇　北京大学旅游研究与规划中心编辑部主任

刘小波　北京读道创意机构设计师

陈　淼　北京大地风景旅游景观规划院规划师

创意农业是创意和农业的结合，将创意作为农业的定语，凸显其核心价值是在创意本身，而农业是其主要的载体。因此，与传统农业相比，创意农业最主要的特色是将各种创意应用在农业活动之中，包括对其农产品、包装、园区规划、旅游设计、节事节庆、营销等发挥决定性的作用。创意是农业的驱动力量，是其价值提升的最重要手段，而艺术设计属于创意的主要内容，创意的方式很多种，艺术设计是其重要的方面。

艺术设计是一门综合性极强的学科，涉及社会、文化、经济、市场、科技等诸多方面的因素。在创意农业之中运用创意，是将艺术设计的审美与农业生产生活紧密结合起来，实现生活的艺术化和艺术的生活化，重点在于创意应用。

艺术设计与纯粹的艺术有着较大的区别。纯粹的艺术更多追求一种审美的愉悦或者精神的享受，是一种超乎实用范围的纯精神行为和活动。而艺术设计着眼于艺术在生活之中的应用，对人们的吃、穿、住、用、行产生实实在在的影响和作用，致力于各种艺术标准和审美规范对生活的具体影响。简而言之，纯艺术解决形而上的问题，艺术设计解决形而下的问题。

艺术设计的类别较为广泛，包含平面设计、环境艺术设计、室内设计、网页设计、版式设计等诸多方面。本文主要是从平面设计的角度来解析艺术设计对创意农业的巨大作用。虽然切点可能很小，但是平面设计作为艺术设计门类之中最为基础的一种设计形式，是最为经济，也最能推广应用的设计活动。

1. 创意农业之中平面设计应遵循的基本原则

既然创意对农业服务，那么创意中的平面设计应该是为农业生产及生活活动服务。为了更好地将创意应用在农业活动之中，充分发挥创意农业的创新性和创造性，平面设计

图1 北京丰台南苑村创意农业园区一片生机盎然的景象（袁功勇 摄）

活动应该遵循以下的基本原则。

1.1 生态环保原则

创意农业的兴起和发展，很大程度上是基于传统农业对生态的破坏，以及人们对食品安全的担忧。尤其是在当前的环境之中，人们对环境安全极其关注，对生态的保护非常在意。所以，生态环保天然成为创意农业的一种本质属性。

不同的行业或者领域，都有一些约定俗成

图2 "一分地"里充满喜庆气氛的农家大食堂（袁功勇 摄）

的符号和颜色使用规范，例如，医药行业以白色和红色为主，体育运动行业以橙色为主。创意农业领域，也应该有大致的颜色和形式使用规范。设计如何体现生态环保原则，主要是形式和色彩的使用，要能符合绿色环保的主题。形式感上要凸显简单简约的特点，给人一种生态和环保的感觉。在创意农业之中，坚持生态环保原则，就是平面设计过程之中，采用的颜色和形式构图，要给人一种绿色、自然、健康、环保的感觉，让人首先从视觉上对创意农业的农园、产品及其他的内容产生兴趣。

1.2 尊重当地文化原则

创意和文化应该是创意农业的两大核心驱动力。创意是指对文化的加工或者再创造，创意除了思想和形式创新之外，更多也要凸显文化特色。创意和文化是同一事物的不同方面。创意是基于文化的再创造和创新，而文化则是创意的源头和内容。

例如，台湾的精致农业品牌掌生谷粒，基本上是靠卖"文化"和"创意"，取得了巨大的成功。他们的设计深深植根于当地的文化特色，并且加以再设计和再创造，将农人劳作变成了一种互动的项目，而农产品则是包含深厚的传统文化和地域文化，最终呈现给消费者的是富有人情味、体现农耕文化、传递土地温情的产品，令人难以忘怀。

在平面设计之中，文化应该是创意的本源。因此，在创意农业的平面设计之中，应该充分地尊重当地文化，挖掘文化特质和内涵，通过更新颖、更时尚的形式来表达当地文化元素和特色。文化是一个地域的核心标识和文化指纹，具有排他性和独特性。创意农业应充分撷取独特文化内涵和元素，打造具有鲜明特色的农业产品。

1.3 健康自然原则

创意农业的核心产品是农产品，农产品是和人们的饮食消费密切相关。在中国当前的环境之中，食品安全问题屡屡爆发，食品的安全受到了人们空前的关注。创意农业的兴起，某种程度上就是基本食品安全的背景。有机环保的农产品成为人们争相消费的产品类型。

在创意农业的平面设计活动之中，应该遵循健康自然的原则，不能过度设计和包装，一切要以健康、自然、环保和安全为出发点。

创意农业的包装在根本上应该是健康自然的，同时也应该是简约的。只有简约才能凸显自然健康的主题，才符合生态环保的属性。设计的健康自然，与农产品的健康自然相结合，实现了内容与形式的高度统一，这种主题应该是任何创意农业项目所应该坚持的。

1.4 切合园区主题原则

不同的农业园区有不同的主题，有的主打生态品牌，有的强调与消费者互动，有的以某种特色产品作为主要吸引物，有的以生态观光为主题，有的强调生态示范作用，诸如此类，不一而足。因此，针对不同主题的农业园区，平面设计应该突出这种不同主题特色。

创意园区的主题不同，平面设计就应该遵循园区的主题，将园区的主题内涵和外延应用在各个方面，充分体现园区特色。

1.5 尊重市场规律原则

回归到创意农业本身，它也是一个重要的经济活动，有其经济属性。既然是经济行为，自然也会遵循经济规律，因此，在对创意农业进行平面设计的同时，应该考虑市场因素。

设计应该符合消费者的需求。创意农业的消费者是极为多元和复杂的，有农产品的消费者，有农业旅游的消费者，也有农业节庆节事活动的消费者。针对不同的消费者，平面设计应该充分了解消费者的喜好和需求，在设计之中增加有价值的创意，以推动创意农业的营销。无论哪种类型的产品，最终是要依靠市场认可才能实现其商业价值的，遵循市场规划的原则，应该成为平面设计极其重要的一个原则。

2. 平面设计在创意农业中的应用

2.1 创意农产品本身设计

农产品本身具有一定的物理形态，比如西瓜是圆的，苹果外表较为光滑，但是，随着创意的丰富和科技手段的更新，人们可以通过艺术设计和科学技术改变农产品固有的物理形态，突破人们的惯常认识。在这个过程之中，平面设计的应用包含在对产品物理形态设计上。

改变农产品本身的形状，需要前期精妙的创意设计，在此过程之中，平面设计作用较大。例如，通过辅助生长设计，可以将圆形的西瓜变为方形，改变人们对西瓜的传统认识，这样的产品能吸引消费者的目光，获得较好的市场效果。再例如，有人在苹果上面"写"一些表达美好祝福的字样，如"恭喜发财"、"福禄寿喜"之类，让普通的苹果变得较有趣味，成为人们表达祝福的载体。诸如此类的农产品本身的设计，需要充分地考虑产品本身的生物性能和生长情况，基于基本的生物性常识和农业知识，再进行大胆创新设计。

2.2 创意农产品包装设计

农产品包装设计，是创意农业极为重要的一环。农产品本身的生物属性可以改造的地方非常有限，只有通过农产品的包装设计来提升产品的文化含量和创意水准，促使农产品获得较高的溢价空间。创意农产品，除了其本身的生态和有机种植之外，其最大价值空间就是具有创意的设计和附加值，文化价值。所以，平面设计在创意农产品包装上的作用最为重要。

对创意农产品包装的设计，尤其是要遵循前面提到的几个原则，体现出"创意+农产品"的特征。

农产品包装设计，要考虑三个方面的因素。首先，要考虑农产品的特性，主要是农产品的物理形态、保存方式和运输方式。比如，对时令蔬菜的设计包装，与肉类产品的包装

象，以卡通人物的形式印在包装上面，再辅以精彩的文案，极大地提升了农产品的附加值，并且成为其他创意农业项目学习的典范。

2.3 创意农业园区VI系统

创意农业不同于传统农业和规模农业，它更具有品牌意识，会采取更新颖的营销方式进行各种产品及服务的营销，而创业农业园区VI系统设计，则会成为品牌营销最为重要的一环。平面设计是VI制作的主要方式。

创业农业园区VI系统的设计，与纯工业化企业和商业企业的VI设计有所不同，除了遵循前面所提到的原则之外，它是更讲求个性化设计。VI的特征更要凸显各种主题、生态、环保健康、当地文化等，要成为农园特色和理念的高度概括和最显性的特征。

创业农业VI设计包括最核心的LOGO设计、规范的字体、颜色及辅助图形设计。这些方面都是平面设计最主要的工作内容。值得提出的是，创业农业讲求个性化以及生态自然的特色，因而辅助图形的应用非常广泛。

2.4 创意农耕文化主题创意品

农业文化主题的创意商品开发，和其他主题的创意商品开发类似，首先要有较好的主题创意，然后将创意通过平面设计表达出来，外化成为构图、造型、颜色和文字的组合，接着通过产品设计和实际生产，将创意商品开发出来。在整个创意产品实现过程之中，平面设计是极为重要的一环，它一方面连接创意，将创意外化和呈现，另一方面，又通过生产，直接指导产品的最终形态以及具体生产。平面设计在创意农业的创意商品开发之中起着承上启下的关键作用。

其作用体现为：

创意 → 平面设计 → 产品设计 → 产品生产

基于对农耕文化的深刻解读和创意的巧妙运用，涉农文化创意产品种类很多，大概是由于中国自古就是农业大国的缘故，农业文

图3 锦州特色农产品包装（袁功勇 摄）

差异较大，部分谷物干果类产品较易保存，在设计的时候也会有较大差异。其次，要充分考虑包装材质的选择。不同的包装材料，对设计的呈现效果不同。比如，纸质包装不易保存，但是设计图案呈现的效果很好，竹篾、麻丝、塑料等材料只能靠材料本身的设计感，平面设计应用的空间相对较小。再者，要考虑消费者的需求。创意农产品要根据市场反应来确定，要充分考虑消费者的需求。比如，产品如果是面向中老年消费者，那么在设计上要体现主流和传统，不宜过于新锐和怪异。若是面对青少年及儿童消费者，那可以色彩上更丰富一些，造型上可以大胆新锐一些，充满朝气和童趣，符合目标人群的审美需求。

台湾精致农业在产品包装上面创意较为突出，尤其是大米包装，将每位劳作者的形

图片来源：南苑一分地提供　　　　　　　　　　　图4 南苑一分地环境

化主题的创意商品与消费者有一种天然的亲密感。农耕文化主题的创意商品大致可以分为以下种类：

2.4.1 服饰类

服饰类的创意品有两种形式：一种是原生式，将服饰产品的外形设计得和农产品外形类似，比如帽子设计成"西瓜"形状，鞋子可以变为"花生"状，诸如此类，改变服饰的外观形态，将其与农产品和农耕文化紧密相连；另外一种是导入式，即将园区LOGO、农产品图案、农耕文化元素直接导入服饰之中，最常见的方式就是在衣服上印各种农产品或者农业生产口号，这种形式不改变服饰的外观造型，只是通过印刷的方式将农耕元素附着上去，因此这类产品相对容易生产。

2.4.2 生活工具类

此类创意商品主要是模仿各种农产品、农具、农耕文化其他物品的外形和构造，将其应用在各种生活用品的设计生产之中，使其在实用功能之外，增加了审美功能和趣味功能，从物质形态和外观包装上展示农耕文化主题。例如，农产品造型的生活用品古已有之，古人将瓷器器皿制作成水果形状就是类似的一种创意。近年来，随着新材料的使用和农业创意的不断深化，与农业文化相关的生活类的创意品非常之多，如模范镇设计师杨磊将农业生产之中用到的铁锹、舀子等农具的形态运用在餐具的设计之中，设计出一批非常具有农业气息的餐具，如勺子、刀具等，深受消费者喜爱。

2.4.3 生产工具类

此类创意商品，依据农业生产之中的生产工具，将其变为迷你型，非常具有童趣。微缩农具。各种生产用具变为玩具，既能普及农耕知识，又能获得乐趣。此类创意商品多是应用在创意农业的互动体验之中，比如，市民在创意农业园区劳作之时，可以采用较为有趣的、具有创意的生产工具，增加劳动的乐趣和体验性。

2.4.4 互动系列

近年来，较为流行的农业互动项目是"阳台农业"，是指市民根据极其有限的空间——阳台，通过盆栽等方式种植瓜果蔬菜花卉等，体验农业活动，学习农业及植物知识，获得身心的享受。随之而兴起的是花果书之类的创意商品。

互动系列，尤其是花果书一类的创意商品，需要从内容到形式两个方面的设计，包括花果书的函套外观设计、种植手册的设计、辅助图表的设计，这些都需要平面设计应用。

2.4.5 文化用品系列

此类创意商品也是借助了农产品的外观形态或者平面形象，比如文具盒、橡皮擦、各种笔等都可以设计成瓜果蔬菜类型，这些产品上面都可以贴上有趣的农耕文化主题的标识和符号。

2.4.6 纸质创意产品

纸质创意商品，主要是图书、绘本、动漫、笔记本、明信片、信纸、便笺纸、卡片等。这类创意商品更是要依赖平面设计的精妙构思和创造。平面设计是纸质创意商品的最重要的设计手段，平面设计的优劣直接决定这类商品的受欢迎程度。

总而言之，农耕文化主题的创意商品，都需要将具体创意首先通过勾勒草图的形式体

图5 "一分地"包装袋1

图片来源：读道创意机构提供

现出来，然后将草图变为3D模型，进行科学设计，最后通过产品设计环节，将产品的各项指标固定下来，最后通过生产环节生产。在整个产品生产制作环节之中，平面设计起着将创意表达和外化的功能，并且在前期设计之中作用非常之大。平面设计的色彩、构图、文字等是表达创意的最主要的方式，因此是整个创意最为核心的部分。

2.5 创意农业节庆节事活动策划

农业方面的节庆节事活动是创意农业项目主推的内容，也是农业旅游和乡村度假的重要吸引物，例如，不少农园针对四季农耕，打造春、夏、秋、冬四季耕读文化节事；针对国内热点传统民俗节日，打造民俗农耕文化节事；针对一年十二月，推出十二个月的时令蔬菜、谷物或粮食文化节事等。

在各种节庆节事活动之中，平面设计的应用极其广泛，节庆活动的各项通知、活动海报、出版物、网站设计、电子杂志等。北京昌平一年一度的国际草莓节，吸引了来自海内外的众多参观者，节事活动打造过程中的各种海报设计、展板设计等平面设计，令参观者耳目一新，极大地提升了整个节事活动的品质。

图6 "一分地"宣传册

图片来源：读道创意机构提供

2.6 创意农业旅游设计

农业旅游和乡村度假的设计，主要是旅游产品和服务设计，这属于旅游规划的基本内容。在旅游项目的落地过程之中，创意景观和建筑的设计，涉及艺术设计之中的景观设计

图片来源：读道创意机构提供　　图7 "一分地"包装袋2

图片来源：读道创意机构提供　　图8 "一分地"环保袋

图片来源：读道创意机构提供　　图9 "一分地"胸牌

图10 与星座结合的阳台种植产品（袁功勇 摄）

和建筑设计，看似和平面设计关系不大，但是平面设计作为其基础，也有较大的作用。平面设计是旅游设计之中最为基础的部分，是创意实现的主要手段。

2.7 农业园区导视系统设计

农业园区导视系统设计，是平面设计的主要工作内容之一。其具体内容包含指示牌、路标、各种道路系统、生态厕所标识、园区墙体的设计、各种创意品的涂鸦等，都涉及平面设计。

导视系统设计意义重大，它是整体农业园区环境的一部分，除了起到导向指示的作用之外，还能提升环境的文化品质和自然特性，能改变环境的空间布局，起到连接农业园区各个空间节点的作用。平面设计在农业园区导视系统设计之中的应用较广。

2.8 创意农业营销

创意农业营销主要包括农产品营销、农业旅游营销以及其他产品及服务的营销，营销涉及产品样书和宣传资料、海报、张贴画、农园书籍、互动系列。

创意农业，不仅仅产品和服务要有创意，同时营销也要有创意。创意营销，是创意农业的最好方式和手段。平面设计是创意营销的核心方式，对推动创意农业的各项产品和服务的营销，起着极为重要的作用。

3. 结语

创意是一种思维活动，主要特征是突破和创新。创意的表达形式是文字和各种艺术设计。因此，艺术设计是创意的主要手段和呈现方式，而平面设计是艺术设计之中最为关键的一环，它是创意实现的基础手段，也是其他类型设计的基础。创意农业活动之中，艺术设计起着极为重要的作用，可以说，没有艺术设计，创意农业的"创意"就无从谈起。

而具体细分到艺术设计的种类，平面设计又是极为基础和重要的，平面设计的应用非常广泛，凸显创意的力量。因此，好的平面设计，将令创意农业项目大放异彩，激活原始的创意思维，提升创意农业的产品和服务的整体品质，使创意农业项目在农产品、乡村旅游、休闲服务、农业创意商品等消费市场取得较大的成果。平面设计力量的强大与否，直接关系到创意农业项目的整体品质。

www.bescn.com

美丽大地 风景中国

BES INTERNATIONAL CONSULTING GROUP

集团简介

大地风景国际咨询集团是由大地风景旅游景观规划院（国家级旅游规划甲级资质）、风景大地（北京）旅游投资管理有限公司、北京大地风景建筑设计有限公司、北京读道创意机构等联合组成，并与世界旅游组织（UNWTO）、亚太旅游组织（PATA）、国际旅游学会（ITSA）等国际旅游组织建立了良好合作关系的国际化旅游咨询集团。

集团提供从旅游规划、建筑设计、旅游投融资、营销策划到景区管理、旅游商品创意等一站式咨询服务，服务覆盖全国33个省市自治区及200多个市区县，拥有国内高端旅游投融资俱乐部、国内首个全产业链旅游商品创意机构，以及500多个成功案例。

十多年间，大地风景国际咨询集团先后获得北京市科学技术进步奖、中国旅游规划设计十大影响力品牌、最佳设计方案金奖、最佳园林设计方案金奖、最佳景观设计方案金奖、中国休闲创新奖、中国旅游贡献奖、全国质量服务信誉信得过单位等数十项荣誉。

大地风景国际咨询集团

地址：北京市朝阳区天辰东路7号 国家会议中心702　　电话：(86)10 82668286 / 82668206　　传真：(86)10 82667697

『读道阅读汇』

《多途径城市化》

本书从城市化历史发展过程、科技发展与城市化的关系、劳动过剩后休闲社会的形成等新视角、大背景，来构建解读中国目前大规模、高速度城市化的现象的理论体系，提出必须摆脱唯工业化为单一城市化路径依赖，走多途径城市化道路的观点，分别探讨了商业驱动、物流驱动、文化创意驱动、旅游驱动等多途径城市化的特征和发展模式，此外也指出城市化绝不意味着消灭乡村，在乡村地区建议引入多途径现代化而非全域城市化理念。该书是一本对中国城市化发展道路进行探索的理论和实践相结合的著作。适合城市各级政府相关部门的行政管理人员、城市发展问题的研究者、受到城市化过程影响的广大农民及市民等阅读。

作　　者： 北京大学"多途径城市化"研究小组
主执笔人： 吴必虎等

《看案例·学植物设计》

是专门为景观设计师打造的一套植物设计应用图书，分为乔木、灌木、花卉三个分册。分册精选了72种常见花卉、74种常见灌木、79种常见乔木，分别介绍其类别、属性、生长特点以及设计应用。在介绍相关知识的同时，配以大量精美的照片，形象直观，具有较高的审美价值和参考价值，可以作为设计师的常备手册。

作者： 盛永利等

《智慧景区管理与九寨沟案例研究》内容简介

本书是一部探讨"智慧景区管理"理论与实践的著作，全书收录了19篇文章，集合了最近3年内国内知名学者与优秀景区管理者对"智慧景区管理"的理论探讨和模式建构，如智慧景区的内涵、标准、战略管理等。同时又以九寨沟智慧景区管理为例，分别从智慧景区各个分支系统和子项目入手，如检售票系统、人流分散、空间分流系统、游客满意度评价、生态环保等方面，详细介绍了九寨沟智慧景区管理方面的实践经验。这是一部既具有前沿理论又有丰富实践经验的著作，是国内旅游行业管理者和景区管理者必读之书。

作者： 章小平、吴必虎